P9-EDM-379

DES MÊMES AUTEURS

Ed. du Lombard

THORGAL
LA MAGICIENNE TRAHIE
L'ILE DES MERS GELÉES
LES TROIS VIEILLARDS
DU PAYS D'ARAN
LA GALÈRE NOIRE
AU-DELÀ DES OMBRES
LA CHUTE DE BREK ZARITH
L'ENFANT DES ÉTOILES
ALINOE
LES ARCHERS
LE PAYS QA
LES YEUX DE TANATLOC
LA CITÉ DU DIEU PERDU
ENTRE TERRE ET LUMIÈRE
AARICIA
LE MAÎTRE DES MONTAGNES
LOUVE
LA GARDIENNE DES CLÉS
L'ÉPÉE-SOLEIL
LA FORTERESSE INVISIBLE

AUTRES ALBUMS DE ROSINSKI

Ed. du Lombard

**En collaboration avec
André Paul Duchâteau**

HANS
LA DERNIÈRE ÎLE
LE PRISONNIER DE L'ÉTERNITÉ
LES MUTANTS DE XANAIA
LES GLADIATEURS
LA LOI D'ARDELIA
LA PLANÈTE AUX SORTILÈGES

**En collaboration avec
Smit-le-Bénédicte**

LA CROISIÈRE FANTASTIQUE

Ed. Dargaud

En collaboration avec Jean Dufaux

COMPLAINTE DES LANDES PERDUES
SIOBAN
BLACKMORE

AUTRES ALBUMS DE VAN HAMME

Ed. du Lombard

En collaboration avec Paul Cuvelier
CORENTIN
LE PRINCE DES SABLES
LE ROYAUME DES EAUX NOIRES

En collaboration avec Géri
M. MAGELLAN
I. T. O.
HOLD-UP AU VATICAN

En collaboration avec André Chéret
DOMINO
CALVALCADE POUR DOMINO
DOMINO CONTRE JUSTICIAS
LES AMOURS DE DOMINO
**DOMINO ET LES AGENTS
SECRETS**

En collaboration avec Dany
HISTOIRE SANS HÉROS

ARLEQUIN
**LES ÉLÉPHANTS SE PLUMENT
À L'AUBE**

**L'AS, LE ROI, LA DAME
ET LE VALET**
LA BALEINE QUI CHANTAIT FAUX

Ed. Dupuis

En collaboration avec Griffo
S.O.S. BONHEUR !

En collaboration avec Philippe Francq
LARGO WINCH
L'HÉRITIER
LE GROUPE W
O P A
BUSINESS BLUES
H

Ed. Dargaud

En collaboration avec William Vance
XIII
LE JOUR DU SOLEIL NOIR
LÀ OÙ VA L'INDIEN
TOUTES LES LARMES DE L'ENFER
SPADS
ROUGE TOTAL
LE DOSSIER JASON FLY
LA NUIT DU 3 AOÛT
TREIZE CONTRE UN
POUR MARIA
EL CASCADOR
TROIS MONTRES D'ARGENT

Ed. Glénat

En collaboration avec Francis Vallès
LES MAÎTRES DE L'ORGE
CHARLES, 1854
MARGRIT, 1886
ADRIEN, 1917

ISBN 2-203-33439-8

© Casterman 1988.

Droits de traduction et de reproduction réservés pour tous pays. Toute reproduction, même partielle, de cet ouvrage est interdite..
Une copie ou reproduction par quelque procédé que ce soit, photographie, microfilm, bande magnétique, disque ou autre, constitue une contrefaçon passible des peines prévues par
la loi du 11 mars 1957 sur la protection des droits d'auteur.

Imprimé en Belgique par Casterman, s.a., Tournai. Dépôt légal: avril 1988; D. 1988/0053/93.

LE GRAND POUVOIR DU

CHNINKEL

ROSINSKI   **VAN HAMME**

casterman

J'ON

D'AUSSI LOIN QUE SE SOUVENAIENT LES ANCÊTRES DE NOS ANCÊTRES, **DAAR** AVAIT TOUJOURS ÉTÉ UN MONDE EN **GUERRE**.

UNE GUERRE DONT NUL NE SE RAPPELAIT L'ORIGINE, UNE GUERRE SANS TRÊVE NI MERCI, SANS QUARTIER NI VAINQUEURS, QUE NE CESSAIENT DE SE LIVRER ENTRE EUX LES **TROIS IMMORTELS**.

A CHAQUE CROISÉE DES SOLEILS, LORSQUE LES OMBRES SE REJOIGNENT, LE GRONDEMENT DE LEURS ARMÉES EN MARCHE S'ÉLEVAIT AUX TROIS POINTS CARDINAUX.

Du SEP venait **BARR-FIND MAIN NOIRE** ET LA MASSE ÉCRASANTE DE SES LÉGIONS D'AIRAIN.

DE L'HOR FONDAIT **JARGOTH LE PARFUMÉ** ET L'ESCADRE MORTELLE DE SES ARCHERS VOLANTS.

DU FAR SE RUAIT **ZEMBRIA LA CYCLOPE** ET LA HORDE DÉCHAÎNÉE DE SES GUERRIÈRES BORGNES.

BRUTES SANS
VISAGE, BARDÉES
DE FER, JUCHÉES
SUR LEURS PESANTS
WOMOCHS CRACHEURS
DE FEU...

CRUELS ANDROGYNES AUX
TRAITS EMPOISONNÉS, FENDANT
LES AIRS SUR LES VOILES
VÉGÉTALES DES ORPHYX
CARNIVORES...

FÉROCES AMAZONES
À LA PAUPIÈRE COUSUE,
EMPORTÉES AU MASSACRE
PAR LE GALOP D'ACIER
DE LEURS TRAGANES
SAUVAGES...

3

CHNINKELS ESCLAVES AUX MAINS TREMBLANTES, JETÉS DANS LA BOUCHERIE PAR DES MAÎTRES IMPITOYABLES...

TAWALS VELUS SANS CERVELLE NI JUGEMENT, DONT LA FORCE COLOSSALE ÉTAIT DRESSÉE À TUER...

TOUS N'OBÉIS-SAIENT QU'À UNE SEULE ET MÊME AVEUGLE LOI: **EXTERMINATION!**

FRACAS DES ARMES, TONNERRE DU FEU, CHOC DES MASSES RAGEUSES SE HEURTANT DE PLEIN FOUET.

TOUS CONTRE TOUS, CHACUN CONTRE CHACUN...

EMPORTÉS PAR UNE MER FURIEUSE DE CRIS, DE TERREUR ET DE RÂLES.

QUI ÉTAIENT-ILS DONC, CES MAUDITS QUI AVAIENT CONDAMNÉ NOTRE MONDE À UNE TELLE INFAMIE ?

DE QUEL NÉANT D'ABJECTION ÉTAIENT-ELLES ISSUES, CES **RACES SUPÉRIEURES** QUI NOUS AVAIENT CONTRAINTS À UNE AUSSI ATROCE SERVITUDE ?

QUI AVAIT PERMIS L'EXISTENCE DE CES **TROIS IMMORTELS** DONT L'APPÉTIT DE MASSACRE ET DE SANG SEMBLAIT NE JAMAIS DEVOIR CONNAÎTRE DE FIN ?

QUEL CRIME ABOMINABLE AVIONS-NOUS DONC COMMIS POUR MÉRITER **CELA** !?

A CHAQUE CROISÉE DES SOLEILS RECOMMEN-ÇAIT LA GUERRE. UNE GUERRE SANS QUARTIER NI VAINQUEURS, DONT IL NE RESTAIT, AU SOIR DES BATAILLES, QUE LE CHARNIER DES VAINCUS ABANDONNÉS AUX DENTS DE RONCE DES SHEERSHECS BICÉPHALES.

C'EST POURTANT DANS CETTE DÉSOLATION QU'UN JOUR SE PRODUISIT CE QUE L'ON APPELA PLUS TARD LE **MIRACLE**...

?!?

AÏE

SHHHRRR
SHHKKK

SHHHRRRR SHHKKK SHHHRRRR
SHHRRRR SHKKK SHKKK

SHHKK
SHHHRRR SHKK
RR SHHRRR SHKKK
SHKKK SHHHRRR
SHHRRRR SHKKK
SHKKK
HRRR

SHHRRK SHKKK

JE... JE NE M'EN SORTIRAI JAMAIS, IL FAUDRAIT QUE JE PARVIENNE À...

SHHRR

SHHKKK SHHRRRR
SHHKKK

10

SHKK SHHRRR

SHHRRRK SHHKKK SHHKKK
SHHKKK

CE WOMOCH, PEUT-ÊTRE, S'IL N'EST PAS TOUT À FAIT MORT...

16

MON GROS, S'IL TE RESTE UNE PETITE ÉTINCELLE D'ÉNERGIE, ÇA M'ARRANGERAIT ROUGREMENT.

SHHK'

SHHRRR SHHKK

SHHRRR SHHKK

SHHRRR SHHRRR

CRACHE TON FEU, WOMOCH! UNE DERNIÈRE FOIS, JE T'EN SUPPLIE! CRACHE, WOMOCH! CRACHE!

SHHRRR

SHHHRRR SHHKK

SSHHHHHHHHHHRRRRRRRrr

WOOOOOFFF

MERCI, WOMOCH. TU PEUX MOURIR EN PAIX À PRÉSENT.

HHHHHHH...

J'AI ÉCHAPPÉ À LA TUERIE ET AUX SHEERSHECS. LE SANG QUI ME RECOUVRE N'EST PAS LE MIEN, JE NE SUIS MÊME PAS BLESSÉ ET ME VOICI LIBRE POUR LA PREMIÈRE FOIS DE MON EXISTENCE. ET TOUT CELA M'AVANCE À QUOI?...

JE NE SAIS MÊME PAS OÙ ALLER... VERS LE SEP, JE RETROUVE LES CAMPS D'ESCLAVES DE BARR-FIND, ET ÇA, JE N'Y TIENS PAS DU TOUT.

VERS L'HOR OU VERS LE FAR, J'AI LE CHOIX ENTRE LES ARCHERS DE JARGOTH OU LES FEMELLES DE ZEMBRIA, CE QUI NE VAUT SÛREMENT PAS MIEUX.

ET SI JE RESTE ICI, JE MOURRAI DE FAIM PUISQUE J'IGNORE COMMENT ME NOURRIR ET SURVIVRE SUR CES TERRES RAVAGÉES.

À MOINS QU'UN FAUVE ME DÉVORE AVANT OU QU'UNE PATROUILLE DE SUPÉRIEURS NE M'ABATTE À COUPS DE FLÈCHES POUR S'AMUSER.

AH, PAUVRE J'ON! PAUVRE MALHEUREUX ESCLAVE INCAPABLE DE PROFITER DE LA LIBERTÉ QUI S'OFFRE À LUI! PAUVRE PETIT CHNINKEL PRIS AU PIÈGE D'UNE VIE SANS ISSUE!...

POURQUOI CE MONDE EST-IL SI HOSTILE? POURQUOI!?... J'EN AI ASSEZ! ASSEZ! ASSEZ!

TU N'ES PAS LE SEUL, J'ON LE CHNINKEL!

12

MOI AUSSI, J'EN AI ASSEZ DE CETTE INSIGNIFIANTE POUSSIÈRE D'UNIVERS AGITÉE SANS RÉPIT DE SA FOLIE GUERRIÈRE... **IL FAUT** QUE CELA CESSE !

SINON, JE SERAI OBLIGÉ DE LA **DÉTRUIRE** !

QU'EST CE... QU'EST-CE QUE... QUI... QUI... QUI PARLE ?...

PROSTERNE-TOI, J'ON LE CHNINKEL, CAR JE SUIS CELUI QUI EST ! JE SUIS CELUI QUI A TOUS LES NOMS !

13

JE SUIS LE MAÎTRE CRÉATEUR DES MONDES !!!

ENTENDS L'AVERTISSEMENT QUE JE TE CHARGE DE DONNER AUX PEUPLES DE DAAR, J'ON LE CHNINKEL : SI VOTRE MONDE N'A PAS RETROUVÉ LA PAIX D'ICI CINQ CROISÉES DE SOLEILS, JE L'ENGLOUTIRAI DANS UNE **APOCALYPSE DE FEU !**

JE... J'EN... J'ENTENDS, SEIGNEUR... EUH... *MAÎTRE...* MAIS... MAIS POURQUOI MOI ?

PARCE QUE TU ES LÀ

J'AI LA CHARGE D'UNE INFINITÉ D'AUTRES MONDES ET DES MILLIARDS DE MILLIARDS D'ÊTRES QUE J'Y AI CRÉÉS...

CROIS-TU QUE J'AIE LE TEMPS DE CHERCHER QUELQU'UN D'AUTRE SUR CELUI-CI ? CE SERA DONC TOI, J'ON.

C'EST QUE JE... JE NE SUIS... QU'UN CHNINKEL...

ET ALORS?

SUR **DAAR**, LES CHNINKELS NE SONT RIEN. MOINS QUE RIEN. NOUS N'EXISTONS QUE POUR ÊTRE ESCLAVES DES **RACES SUPÉRIEURES**, DE NOTRE NAISSANCE À NOTRE MORT...

14

ALORS COMMENT VOULEZ-VOUS QUE JE PARVIENNE À...

TOUTES LES CRÉATURES DE L'UNIVERS SONT ÉGALES À MES YEUX, J'ON LE CHNINKEL.

MAIS JE COMPRENDS LES DIFFICULTÉS DE TA SITUATION. AUSSI, POUR T'AIDER DANS LA TÂCHE QUE JE T'AI CONFIÉE, JE CONSENS A T'ACCORDER LE **GRAND POUVOIR!**

ET RAPPELLE-TOI : CINQ CROISÉES DE SOLEILS, PAS UNE DE PLUS !

SEIGN... EUH... MAÎTRE, ATTENDEZ, NE PARTEZ PAS...

M... MAÎTRE... ÔÙ... OÙ ÊTES-VOUS?...

NE ME LAISSEZ PAS TOUT SEUL, MAÎTRE, EXPLIQUEZ-MOI AU MOINS COMMENT...

JE TE DONNE LE GRAND POUVOIR!...

C'EST QUOI, ÇA, LE GRAND POUVOIR?

BOM-BOM

HH
HHHHH

HH
HHHAH

HHHHHHHHH

BRAVO,
TU L'AS
TOUCHÉ!

CETTE
FOIS,
NOUS
LE TENONS.

??

!?!

HHHHHH
BOM-BOM
BOM-BOM.

MAIS VA-T'EN,
IMBÉCILE!
FICHE LE CAMP!
TU VAS ME
FAIRE...

17

TIENS, TIENS... UN AUTRE RESCAPÉ DU COMBAT D'HIER.

REGARDEZ CET IDIOT DE TAWAL QUI S'IMAGINE QUE LE CHNINKEL POURRA LE PROTÉGER.

QUE VA-T-ON FAIRE DE CET AVORTON? LE RAMENER AU CAMP?

NOUS AVONS DÉJÀ BIEN ASSEZ D'ESCLAVES... LIQUIDONS-LE AVEC L'AUTRE.

HHHHH HHHHH HH

UN... UN INSTANT, NOBLE GUERRIÈRE... EN ME TUANT, TU... TU COMMETTRAIS UNE GRAVE ERREUR...

TU OSES ADRESSER LA PAROLE À UNE SUPÉRIEURE, MISÉRABLE LARVE!?

OUI, CAR... EUH... JE DOIS T'AVERTIR QUE J'AI... EUH... REÇU LE GRAND POUVOIR DU... EUH... DU MAÎTRE CRÉATEUR DES MONDES...

?? ??

HA! HA! HA! QU'EST-CE QU'IL EST DRÔLE, CE CHNINKEL!

PRENONS-LE POUR L'OFFRIR À L'IMMORTELLE, ELLE EN FERA UN BOUFFON. HA! HA! HA!

PAS QUESTION!

18

CE VER DE TERRE A OSÉ SE MOQUER DE MOI. JE VAIS L'ÉCORCHER VIF AVANT DE LE DÉCOUPER EN LANIÈRES...

VIENS ICI, ESCLAVE, QUE JE T'ENTENDE M'IMPLORER!

AR...ARRÊTE! JE...JE T'AURAI PRÉVENUE...

PAR... PAR LE GRAND POUVOIR!

ÇA ALORS!...

28

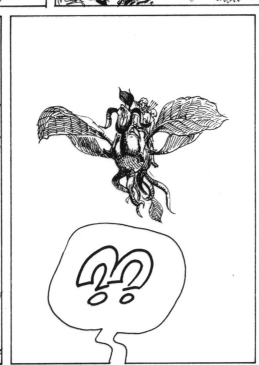

BIEN VISÉ, FRÈRE.. TU L'AS TUÉE SUR LE COUP.

DOMMAGE QUE LES DEUX AUTRES SE SOIENT ENFUIES

ET LE TAWAL, ON LE POURSUIT ?

IL A PROBABLEMENT DÉJÀ ATTEINT LA FORÊT. MAIS AVEC SES MANCHONS DE GUERRE, IL SERA INCAPABLE DE SE NOURRIR ET REVIENDRA DE LUI-MÊME À LA CITÉ.

SHHLRRP SHHLLRRP

DÈS QUE NOTRE BRAVE ORPHYX AURA TERMINÉ SON DÉJEUNER, NOUS RENTRERONS FAIRE NOTRE RAPPORT.

ELLE A BEL APPÉTIT, CELA FAIT PLAISIR À VOIR

SSHHHLLRRP

ILS S'EN VONT.

30

HHHHH HHHHH

N'EMPÊCHE QUE TU AURAIS DÛ ME LAISSER FAIRE... JE LES AURAIS LIQUIDÉS D'UN CLAQUEMENT DE DOIGTS, MOI, CES MAUDITS ARCHERS...

VOILÀ, ÇA Y EST! J'ESPÈRE POUR TOI QUE ÇA GUÉRIRA TOUT SEUL CAR, MOI, JE N'Y CONNAIS RIEN DANS LES PRATIQUES DE MÉDECINE.

HHHHH

HHHHH HHHHH HHHHH

QU'EST-CE QUE TU VEUX ENCORE? AH OUI, T'ES MANCHONS...

DÉCIDÉMENT TU AS EU DE LA VEINE DE TOMBER SUR MOI, HEIN, MON GROS?

BOM-BOM BOM-BOM BOM-BOM

C'EST ÇA, C'EST ÇA BOM-BOM... IL N'Y A PLUS RIEN A TON SERVICE?

22

HE! QU'EST-CE QUE TU?...

LÀ, MON GROS, J'AVOUE QUE TU AS EU UNE FAMEUSE IDÉE. TU VEUX QUE JE TE DISE?... JE CROIS BIEN QUE JE COMMENCE À PRENDRE GOÛT À LA LIBERTÉ.

ECOUTE, BOM-BOM, TOI ET MOI, NOUS SOMMES DANS LA MÊME SITUATION. NOUS DEVRIONS NOUS AS-SOCIER ET ESSAYER DE NOUS ORGANISER UN PEU, D'ACCORD ?

HHHH HHHH BOM-BOM

ET POUR COMMENCER, TROUVE-NOUS QUELQUE CHOSE A MANGER. LES TAWALS VELUS CONNAISSENT BIEN LA FORÊT, NON ? MANGER... MIAM-MIAM... MANGER...

J'ESPÈRE QU'IL A COMPRIS...

ET QU'IL REVIENDRA VITE. JE MEURS DE FAIM, MOI.

EN ATTENDANT, IL ME SEMBLE QU'UN PETIT CÉRÉMONIAL S'IMPOSE...

L'ENNUI C'EST QUE JE N'AI PAS LA MOINDRE IDÉE DE LA MANIÈRE DONT IL FAUT PROCÉDER.

ESSAYONS, ON VERRA BIEN...

Ô MAÎTRE CRÉATEUR DES MONDES, PARDONNEZ... EUH... PARDONNE MA MALADRESSE MAIS JE N'AI PAS L'HABITUDE DE... EUH... DE CE GENRE DE CHOSE...

JE TE REMERCIE DE M'AVOIR DONNÉ LE **GRAND POUVOIR** CAR IL M'A SAUVÉ LA VIE ET ME SAUVERA SÛREMENT ENCORE.

MAIS **GRAND POUVOIR** OU PAS, JE NE VOIS TOUJOURS PAS COMMENT UN MISÉRABLE PETIT CHNINKEL COMME MOI POURRAIT CONVAINCRE LES **TROIS IMMORTELS** DE CESSER LEUR GUERRE ET FAIRE RÉGNER LA PAIX SUR DAAR.

IL FAUDRAIT QUE TU M'AIDES ENCORE UN PEU, Ô **MAÎTRE CRÉATEUR DES MONDES.** EN M'EXPLIQUANT COMMENT JE DOIS M'Y PRENDRE, PAR EXEMPLE, RIEN QU'UN TOUT PETIT PEU.

UN TOUT, TOUT PETIT PEU... S'IL TE PLAÎT...

BOM-BOM BOM-BOM.

AH, C'EST TOI.

GRAG

TU ES CERTAIN QUE ÇA SE MANGE TOUT ÇA ?

HHH HHHH BOM-BOM

SI TU LE DIS...

CE N'ÉTAIT PAS MAUVAIS DU TOUT, BRAVO BOM-BOM. IL NE NOUS RESTE PLUS QU'À TROUVER UN COIN OÙ PASSER LA NUIT EN SÉCURITÉ.

ON-N-N-N-N'EST-T-T-T AR-R-R-R-RIV-V-V-VÉS ?...

HHH HHH HHHHH

C-C-C-C-CE S-S-S-S-S-SERA S-S-S-S-SÛREMENT T-T-T-T-TRÈS B-B-B-BIEN...

HHH?

LA PROCHAINE FOIS NOUS IRONS À PIED! ÇA NOUS LAISSERA AU MOINS LE TEMPS DE DIGÉRER.

26

JE CROIS QUE JE VAIS ALLER ME COUCHER TOUT DE SUITE. JE... JE ME SENS UN PEU FAIBLE. BONNE NUIT, BOM-BOM.

HHHH?

G'WEL

39

LES KOLDS!

TA SATANÉE GROTTE SE TROUVE DANS LE TERRITOIRE DES **KOLDS**, MAUDIT IDIOT! S'ILS NOUS TROUVENT ICI, NOUS SOMMES PERDUS!

HHHHH?....

CE SONT LES ÊTRES LES PLUS HARGNEUX, LES PLUS MÉCHANTS ET LES PLUS QUERELLEURS QUE TU PUISSES IMAGINER. MÊME LES **RACES SUPÉRIEURES** LES LAISSENT EN PAIX.

D'AUTANT PLUS QUE LES **KOLDS** SONT LES SEULS SUR **DAAR** À SAVOIR EXTRAIRE ET TRAVAILLER LES MÉTAUX QU'ILS TROUVENT SOUS LE SOL. CE SONT EUX QUI FOURNISSENT EN ARMES LES ARMÉES DES **TROIS IM-MORTELS**.

ILS LES LEUR VENDENT EN ÉCHANGE DE DROGUES EUPHORISANTES ET D'ESCLA-VES CHNINKELS POUR LEURS MINES. ILS FONT, PARAÎT-IL UNE GRANDE CONSOMMATION DES UNES COMME DES AUTRES.

IL N'Y A QU'UNE CHOSE À FAIRE, MON GROS: RESTER CACHÉS ICI JUSQU'À LA NUIT PROCHAINE, PUIS FILER LE PLUS DISCRÈTEMENT ET LE PLUS LOIN POSSIBLE.

HHH HHHH

PLUS VITE, LARVES FÉTIDES! VOUS CROYEZ ÊTRE ICI POUR MUSARDER? PLUS VITE!

28

40

UNE CHIENNE EN CHALEUR, HEIN? JE CONNAIS UN TRÈS BON MOYEN DE LUI RAFRAÎCHIR LE TEMPÉRAMENT.

OU PLUTÔT: TROIS BONS MOYENS, HA! HA! EMMENEZ-LA À LA GROTTE, VOUS AUTRES, QU'ON RIGOLE UN PEU!

NON! LÂCHEZ-MOI, SALES BRUTES! POURCEAUX RÉPUGNANTS!

OÙ VOUS CROYEZ-VOUS VERMINES!?

AU TRAVAIL! AU TRAVAIL!

CRAPAUDS VISQUEUX! ORDURES! IGNOBLES NABOTS!

BON SANG, MAIS... ILS VIENNENT PAR ICI?!

CLOPORTES PUANTS! PORCS IMMONDES! DÉCHETS POURRIS!

30

AFFREUX AVORTONS! EXCRÉMENTS DE RATS MALADES!

TSSS... QUEL VOCABULAIRE!

JE TE PRÉVIENS QUE SI TU OSES ME TOUCHER DE TES INFECTES PATTES, JE T'ARRACHE LES YEUX AVEC MES DENTS!

TU NE MANQUES PAS DE TOUPET POUR UNE CHNINKEL, MAIS JE TE PROMETS QUE TU VAS BIENTÔT CHANTER SUR UN TOUT AUTRE AIR, MA BELLE!

33

45

CE N'EST PAS TROP TÔT... J'AI BIEN CRU QUE CE PASSAGE N'EN FINIRAIT JAMAIS.

ON N'ENTEND PLUS RIEN, TU CROIS QUE?...

HÉLAS, PAUVRE BOM-BOM...

IL S'EST SACRIFIÉ POUR NOUS, ME RENDANT LA VIE QUE JE LUI AVAIS SAU-VÉE. FASSE LE MAÎTRE CRÉATEUR DES MONDES QUE SA MÉMOIRE SOIT HONORÉE À JAMAIS!

??

35

QUE VEUX-TU DIRE? JE NE COMPRENDS PAS...

PLUS TARD... FILONS D'ICI AVANT QUE LES KOLDS NE SONGENT À CONTOUR-NER LA COLLINE.

NE TE RETOURNE PAS, SURTOUT.

ET FERME LES YEUX. COMMENT T'APPELLES-TU, AU FAIT?

J'ON.

MON NOM EST G'WEL. JE TE REMERCIE DE M'AVOIR SAUVÉE DES KOLDS, J'ON. TU AS ÉTÉ TRÈS COURAGEUX.

TU... TU TROUVES VRAIMENT?

VRAIMENT. LES YEUX, J'ON.

TOI AUSSI, TU ES COURAGEUSE, G'WEL. JE N'AVAIS JAMAIS VU UN CHNINKEL OSER TENIR TÊTE À SES MAÎTRES COMME TU L'AS FAIT.

C'EST QUE JE NE SUIS PAS NÉE ESCLAVE, MOI, JE SUIS UNE CHNINKEL LIBRE.

UNE CHNINKEL LIBRE !?

J'AI ÉTÉ CAPTURÉE PAR DES ARCHERS DE JARGOTH IL Y A DEUX CROISÉES DE SOLEILS, UN JOUR OÙ JE M'ÉTAIS TROP ÉLOIGNÉE DU VILLAGE. CE SONT EUX QUI M'ONT VENDUE AUX KOLDS.

IL Y A... IL EXISTE DES CHNINKELS LIBRES SUR DAAR!?

BIEN SÛR, À MAELAR C'EST DE LÀ QUE JE VIENS.

C'EST À PLUSIEURS JOURNÉES DE MARCHE D'ICI, PRÈS DE LA GRANDE EAU... JE CROYAIS T'AVOIR DIT DE NE PAS TE RETOURNER, J'ON.

VOILÀ, J'AI FAIT CE QUE J'AI PU. J'ESPÈRE QUE ÇA TIENDRA.

TU ES RAVISSANTE, G'WEL. MAIS JE TE TROUVE TOUT AUSSI BIEN SANS VÊTEMENTS, TU SAIS.

SI TU NOUS FAISAIS PLUTÔT UN FEU, AU LIEU DE DIRE DES ÂNERIES. JE SUIS TREMPÉE.

C'EST QUE... JE... JE NE SAIS PAS COMMENT ON FAIT...

ÉVIDEMMENT. J'OUBLIAIS QUE TU AS TOUJOURS ÉTÉ ESCLAVE. TRÈS BIEN, RASSEMBLE DU BOIS MORT, JE M'OCCUPE DU RESTE.

TU VOIS, C'EST TOUT SIMPLE.

JE VOIS.

À PRÉSENT, J'AIMERAIS QUE TU M'EXPLIQUES CE QU'UN CHNINKEL ESCLAVE FAISAIT, EN COMPAGNIE D'UN TAWAL VELU, DANS LE TERRITOIRE DES KOLDS. ET AUSSI CE QU'EST CE GRAND POUVOIR QUE TU AS INVOQUÉ DANS LA GROTTE.

37

JE... J'AIMERAIS MIEUX PAS, TU NE ME CROIRAIS PAS ET TU TE MOQUERAIS DE MOI.

ALLONS, J'ON, NE TE FAIS PAS PRIER AINSI. VEUX-TU QUE JE TE LE DEMANDE PLUS GENTIMENT, MMMH?...

ET VOILÀ TOUTE L'HISTOIRE. AVEC LA GUERRIÈRE BORGNE, ÇA AVAIT BIEN MARCHÉ, POURTANT... EN FIN DE COMPTE, JE NE SAIS PLUS TRÈS BIEN SI J'AI RÊVÉ OU NON CETTE VISION QUE J'AI EUE.

C'EST EXTRAORDINAIRE...

J'ON! SE POURRAIT-IL QUE TU SOIS LE... LE **CHOISI** !? TOUT CONCORDE...

LE CHOISI ?

C'EST UNE VIEILLE PROPHÉTIE QUE RACONTENT LES **VÉNÉRABLES DE MAELAR**. UN JOUR, VIENDRA CELUI QUI AURA ÉTÉ DÉSIGNÉ PAR **U'N** POUR ARRACHER LE PEUPLE CHNINKEL À SA MALÉDICTION.

LES VÉNÉRABLES DISENT QUE CE CHOISI SERA LE GUIDE D'UNE FOI NOUVELLE. IL SAUVERA NOTRE MONDE DE LA DESTRUCTION EN RACHETANT TOUTES LES FAUTES QUE NOUS AVONS COMMISES.

QUELLES FAUTES ?

JE L'IGNORE. ET LES VÉNÉRABLES L'IGNORENT ÉGALEMENT. CE N'EST QU'UNE TRÈS ANCIENNE LÉGENDE, J'ON.

AH, ET QUI EST CE **U'N** DONT TU PARLES ?

SANS DOUTE CELUI QUE TU APPELLES LE **MAITRE CRÉATEUR DES MONDES**. ON DIT QU'IL Y A TRÈS LONGTEMPS, AVANT L'ARRIVÉE DES IMMORTELS, **U'N** ÉTAIT LE **MAITRE SUPRÊME** QU'ADORAIT NOTRE PEUPLE...

ROSINSKI & VAN HAMME

38

MAIS LES CHNINKELS SONT ESCLAVES DEPUIS TANT DE GÉNÉRATIONS QU'ILS L'ONT OUBLIÉ. ET CHEZ NOUS, SEULS LES **VÉNÉRABLES** ÉVOQUENT PARFOIS SON NOM.

CE SERONT EUX QUI DÉCIDERONT SI TU ES OU NON LE **CHOISI**, J'ON. IL FAUT QUE TU VIENNES AVEC MOI À MAELAR.

EH, OUI... BIEN SÛR...

PARFAIT. IL VAUT MIEUX DORMIR, À PRÉSENT. DEMAIN LA ROUTE SERA LONGUE.

TU NE DORS PAS ?

JE RÉFLÉCHIS.

JE NE SUIS PAS TRÈS SÛR D'AVOIR ENVIE D'ÊTRE TON **CHOISI**, G'WEL, NI DE SAUVER QUI QUE CE SOIT DE LA MALÉDICTION OU DE LA DESTRUCTION. JE NE SUIS QU'UN PAUVRE PETIT CHNINKEL QUI NE DEMANDE QU'À TROUVER UN COIN OÙ VIVRE TRANQUILLEMENT LOIN DES GUERRES ET DES ENNUIS.

SI **U'N** T'A RÉELLEMENT DÉSIGNÉ COMME TU ME L'AS RACONTÉ TU N'AS PAS LE DROIT DE TE SOUSTRAIRE À TA MISSION, J'ON. LE SORT DE NOTRE PEUPLE ET DE **DAAR** TOUT ENTIÈRE EN DÉPEND.

C'EST BIEN CE QUI M'EMBÊTE

MAIS J'ESSAIERAI DE T'AIDER, SI TU VEUX BIEN DE MOI. JE RESTERAI À TES CÔTÉS POUR TE SOUTENIR ET TE RÉCONFORTER CHAQUE FOIS QUE TU EN AURAS BESOIN.

C'EST VRAI ?

ÇA TOMBE BIEN, J'AI JUSTEMENT UN GRAND BESOIN DE RÉCONFORT, EN CE MOMENT.

?

39

METTONS LES CHOSES BIEN AU POINT, J'ON. SI TU ES LE **CHOISI**, JE SERAI À JAMAIS TA SUIVANTE, FIDÈLE ET DÉVOUÉE...

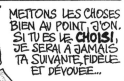

MAIS RIEN DE PLUS, CAR J'EN SERAIS INDIGNE.

BONNE NUIT.

MAELAR

MAELAR !

ENFIN.

PAS TRÈS FOLICHON, COMME ENDROIT, ON DIRAIT.

NOTRE TERRE EST PAUVRE, C'EST VRAI...

MAIS AU MOINS LES CHNINKELS QUI Y VIVENT NE PORTENT-ILS PAS DE CHAÎNES.

G'WEL! C'EST G'WEL! G'WEL EST REVENUE !

QUEL BONHEUR MA CHÉRIE, QUEL BONHEUR ! NOUS AVIONS PERDU L'ES-POIR DE TE REVOIR...

MAIS COMMENT AS-TU FAIT POUR ÉCHAPPER À CEUX QUI T'AVAIENT CAPTURÉE ?

C'EST JON QUI M'A DÉLIVRÉE. MAIS IL FAUT QUE VOUS SACHIEZ QU'IL N'EST PAS SEULEMENT MON SAUVEUR...

41

IL SERA BIENTÔT LE VÔTRE ET CELUI DE TOUS LES CHNINKELS, CAR IL EST LE CHOISI !!

TSS TSS

MMMMH

AHEM AHEM

PFFFFF

HUM HUM

AINSI, LE MAÎTRE CRÉATEUR DES MONDES TE SERAIT APPARU...

UNE SORTE DE MASSE LUMINEUSE FLOTTANT DANS LES AIRS...

ET IL T'AURAIT CHARGÉ DE RÉTABLIR LA PAIX SUR DAAR...

EN TE CONFÉRANT LE GRAND POUVOIR.

LE GRAND POUVOIR, TSS TSS...

MMMMH... TOUT CELA N'EST PAS TRÈS CONVAINCANT.

CE N'EST PAS TOUT À FAIT AINSI QUE JE M'IMAGINAIS LE CHOISI.

QUOIQUE... ON NE SAIT JAMAIS...

HUM HUM... IL FAUDRAIT À TOUT LE MOINS UNE PREUVE...

UN PETIT PRODIGE PAR EXEMPLE. CE NE SERAIT PAS MAL, ÇA.

42

PRENDS CE GOBELET, MON GARÇON. SI PAR LA VERTU DE TON **GRAND POUVOIR**, TU CHANGES L'EAU QU'IL CONTIENT EN VIN, ALORS NOUS TE CROIRONS.

ET NOUS LE BOIRONS EN TON HONNEUR, HÉ HÉ!

ALORS?

BEN...

C'EST HONTEUX!

COMMENT VOUS, RESPECTÉS **VÉNÉRABLES** DU PEUPLE CHNINKEL, OSEZ-VOUS SOUMETTRE L'ENVOYÉ DE U'N À UNE ÉPREUVE AUSSI PUÉRILE !? C'EST AUSSI INDIGNE DE VOUS QUE DE LUI, ET JE PRÉFÉRERAIS LE VOIR QUITTER **MAELAR** PLUTÔT QUE DE S'Y SOU-METTRE.

C'EST VRAI, G'WEL A RAISON!

CE PROCÉDÉ EST RIDICULE!

POURQUOI NE PAS LUI DEMANDER DE FAIRE SORTIR UN BRENNEK D'UN BONNET TANT QU'ON Y EST!

SILENCE!

NOUS, **VÉNÉRABLES**, SOMMES LES GARDIENS DES TRADITIONS. NOUS SAVONS CE QUE NOUS FAISONS.

EN OUTRE, C'EST À CE JEUNE HOMME ET NON À VOUS DE DÉCIDER S'IL ACCEPTE CETTE ÉPREUVE.

EH BIEN, JON... QUE VAS-TU FAIRE DE CETTE EAU?

43

L'EAU EST LE MEILLEUR DES NECTARS POUR LA TERRE DESSÉCHÉE ET LES GOSIERS ASSOIFFÉS, NOBLES **VÉNÉRABLES**. JE PEUX VOUS ASSURER QUE CETTE EAU DANS MON CORPS EST DEVENUE LE PLUS CAPITEUX DES VINS.

EN RÉALITÉ, GENS DE **MAELAR**, J'IGNORE SI JE SUIS CELUI QUE VOTRE PROPHÉTIE APPELLE LE **CHOISI**. JE NE SAIS RIEN DE VOS LÉGENDES ET JE N'AI FAIT QUE VOUS RACONTER CE QUI M'ÉTAIT ARRIVÉ. MAIS CROYEZ BIEN QUE JE NE DÉSIRE NITITRES NI HONNEURS D'AUCUNE SORTE.

TOUT CE QUE JE VOUS DEMANDE, C'EST DE POUVOIR RESTER PARMI VOUS ET PARTAGER UN HUMBLE TOIT AVEC CELLE QUE MON CŒUR A CHOISIE.

JE CRAINS QUE CE NE SOIT HORS DE QUESTION, JEUNE HOMME!

LES **RACES SUPÉRIEURES** TOLÈRENT, NOTRE EXISTENCE DANS CE COIN RECULÉ DU DÉSERT À LA SEULE CONDITION QUE NOUS NE CHERCHIONS JAMAIS À LEUR NUIRE. ET IL NOUS EST NOTAMMENT INTERDIT DE DONNER REFUGE À LEURS ESCLAVES FUGITIFS.

EN OUTRE, EN TE PRÉTENDANT CHARGÉ DE RÉTABLIR LA PAIX SUR DAAR, TU NE SERAS CONSIDÉRÉ QUE COMME UN FAUTEUR DE TROUBLES. SI LES **IMMORTELS** APPRENNENT TA PRÉSENCE PARMI NOUS, C'EN SERA FAIT DE NOTRE LIBERTÉ.

EN CONSÉQUENCE DE QUOI, POUR LE BIEN MÊME DE NOTRE PEUPLE QUE TU AFFIRMES VOULOIR SAUVER, NOUS DEVONS T'ORDONNER DE QUITTER MAELAR **SEUL ET SUR LE CHAMP!**

BRAVO, BEAU RESULTAT!

TU VOIS DANS QUELLE SITUATION TU M'AS MIS, Ô MAÎTRE CRÉATEUR DES MONDES? MÊME MON PROPRE PEUPLE M'A CHASSÉ. ALORS, OÙ VAIS-JE ALLER, HEIN, TU PEUX ME LE DIRE !? OÙ ?...

LE **GRAND POUVOIR**... TU PARLES D'UN CADEAU! LE JOUR OÙ J'AI RACONTÉ ÇA À G'WEL, J'AURAIS MIEUX FAIT DE ME COUPER LA LANGUE, TIENS! OU DE COUPER LA SIENNE, À LA RIGUEUR...

CAR ELLE M'A BIEN LAISSÉ TOMBER, CELLE-LÀ! LA DOUCE G'WEL AUX SEINS DE SOIE, QUI M'AVAIT JURÉ D'ÊTRE À JAMAIS MA SUIVANTE FIDÈLE ET DÉVOUÉE... TOUTES LES MÊMES, OUI!

ALORS, AUTANT TE DIRE QU'EN CE QUI ME CONCERNE, TU PEUX DÉTRUIRE **DAAR** QUAND TU VOUDRAS. ET TOUS TES AUTRES MONDES AVEC, SI ÇA TE CHANTE, MOI, JE M'EN MOQUE ÉPERDUMENT.

45

D'AUTANT PLUS QUE JE SERAI MORT DE FAIM ET DE SOIF BIEN AVANT, ET QUE...

OH!

LA GRANDE EAU!

ENFIN À BOIRE !... À BOIRE !...

BEUARK...
MAIS C'EST SALÉ ?! DÉCIDÉMENT, TOUT EST FAIT POUR ME CONTRARIER, ICI !

ÉCOUTE-MOI BIEN, TOI, LÀ-HAUT... JE TE DONNE UNE DERNIÈRE CHANCE DE ME PROUVER QUE TU EXISTES ET QUE TU NE T'ES PAS MOQUÉ DE MOI. SI TU VEUX QUE JE REMPLISSE MA MISSION, IL FAUT M'AIDER UN PEU, TOUT DE MÊME. EN COMMENÇANT PAR ME NOURRIR, PAR EXEMPLE.

PAR LE GRAND POUVOIR !...
JE VEUX DU BRENNEK RÔTI AUX TCHARNIS, AVEC DES CHAPATAS ET BEAUCOUP DE VIN., ET TOUT DE SUITE, S'IL TE PLAÎT !

ALORS ?...

46

C'EST BIEN CE QUE JE PENSAIS... RÉSULTAT: ME VOICI ARRIVÉ AU BOUT DU MONDE, SANS RIEN À BOIRE NI À MANGER, ET N'AYANT NULLE PART OÙ ALLER. AH, PAUVRE PETIT CHNINKEL, QUE VAS-TU DEVENIR ?...

NE TE DÉCOURAGES-TU PAS UN PEU VITE, J'ON ?

PENSAIS-TU QUE J'ALLAIS DÉJÀ T'ABANDONNER ?

!?!
OOO

G'WEL! JE... BIEN SÛR QUE NON, JE T'ATTENDAIS... COMMENT AS-TU FAIT POUR ME REJOINDRE?

J'AI PU TROMPER LA SURVEILLANCE DES VÉNÉRABLES ET J'AI SUIVI TES TRACES JUSQU'ICI TOUT SIMPLEMENT.

TU ES MERVEILLEUSE, TU SAIS, ET TU ARRIVES JUSTE À POINT POUR ME DONNER UN PEU DE CE RÉCONFORT QUE TU M'AVAIS PROMIS...

HO, DOUCEMENT...

JE NE SUIS PAS VENUE SEULE, J'ON.

GLOIRE AU CHOISI!

HEUREUX SOIT L'ÉLU DE U'N!

HONNEUR À L'ENVOYÉ DU **MAÎTRE CRÉATEUR**!

LONGUE VIE AU SAUVEUR DU PEUPLE CHNINKEL!

QU'EST-CE QUE... QUI SONT CES TYPES?

DES CHNINKELS AU CŒUR PUR, J'ON. ILS ONT, COMME MOI, QUITTÉ **MAELAR** ET LEURS FOYERS POUR TE SUIVRE ET TE SERVIR.

LA SIMPLICITÉ ET LA VÉRITÉ DE TON LANGAGE FACE À CES ARROGANTS VÉNÉRABLES SÉNILES NOUS ONT CONVAINCUS, Ô J'ON: TU ES BIEN LE **CHOISI** QUE NOTRE PEUPLE ATTENDAIT DEPUIS L'AUBE DES TEMPS. MES COMPAGNONS ET MOI-MÊME VOULONS ÊTRE LES HÉRAUTS DE TA PAROLE ET LES DISCIPLES DE TA PENSÉE.

DAIGNE, JE T'EN PRIE, ACCEPTER NOTRE AIDE ET NOS OFFRANDES. AVEC, POUR COMMENCER, DU BRENNEK RÔTI AUX TCHARNIS ET DES CHAPATAS POUR TE RESTAURER, AINSI QUE DU YIN EN ABONDANCE POUR TE RÉJOUIR.

47

C'EST LA VOLONTÉ DE U'N QUI A GUIDÉ TES PAS JUSQU'À CE RIVAGE, Ô CHOISI !

NOUS TE CONSTRUIRONS UNE EMBARCATION POUR TRAVERSER LA GRANDE EAU.

TU IRAS DANS LE MAG MEL APPRENDRE DU SAGE SUALTAM COMMENT AFFRONTER LES TROIS IMMORTELS.

ET MOI, JE T'ACCOMPAGNERAI.

ÇA, C'EST LA SEULE BONNE NOUVELLE DE LA SOIRÉE.

BON, BON, JE VAIS ALLER RÉFLÉCHIR À TOUT ÇA. JE ME SENS UN PEU LOURD, MOI. BONNE NUIT, TOUT LE MONDE.

J'ON, TU DORS ?

MMH...

CETTE FOIS, TON DESTIN EST EN MARCHE, J'ON, JE LE SENS. PLUS RIEN NE POURRA T'ARRÊTER ET BIENTÔT, GRÂCE À TOI, NOTRE MONDE CONNAÎTRA ENFIN LA PAIX. QUELLE PRODIGIEUSE EXALTATION DOIT ÊTRE LA TIENNE À L'AUBE DE CE QUI SERA SANS AUCUN DOUTE LA PLUS GRANDE ÉPOPÉE DE TOUS LES TEMPS !...

RRRRRR

DEBOUT, J'ON LE CHOISI !

L'HEURE DU DÉPART A SONNÉ.

QUOI, DÉJÀ !?

TON EMBARCATION EST PRÊTE. NOUS Y AVONS TRAVAILLÉ TOUTE LA NUIT.

ET NOUS L'AVONS CHARGÉE D'EAU, DE VIVRES ET DE VIN.

ECOUTEZ, J'AI BIEN RÉFLÉCHI...

JE NE SUIS PAS SÛR QUE CE SOIT UNE SI BONNE IDÉE DE...

QUE LES COURANTS TE GUIDENT À BON PORT, Ô CHOISI !

QUE LES VENTS TE SOIENT FAVORABLES !

ET QUE SOIT PROMPT TON RETOUR, CAR NOUS AVONS BESOIN DE TOI.

JUSTEMENT... QU'ALLEZ-VOUS FAIRE SANS MOI ?

NOUS IRONS AUX TROIS POINTS CARDINAUX RÉPANDRE LA BONNE NOUVELLE...

NOUS ANNONCE-RONS AUX PEUPLES DE DAAR LA VENUE DU CHOISI !...

ET NOUS LEUR PARLERONS DE LA PAIX PROCHAINE !

50

AYEZ BONNE ESPÉRANCE !...

SUALTAM

C'EST LA FIN, G'WEL.

PLUS DE VENT DEPUIS DES JOURS, PAS UN NUAGE POUR MASQUER CES SOLEILS BRÛLANTS, L'EAU ET NOS PROVISIONS ÉPUISÉES... AH, PAUVRES CHNINKELS, QUE SOMMES-NOUS VENUS NOUS PERDRE DANS CE DÉSERT LIQUIDE!?

POURQUOI NE TE SERS-TU PAS DE TON **GRAND POUVOIR** POUR NOUS SORTIR DE LÀ, AU LIEU DE TE LAMENTER ?

QUEL GRAND POUVOIR ?

IL N'Y A PLUS DE **GRAND POUVOIR**, POUR AUTANT QU'IL Y EN AIT JAMAIS EU UN, D'AILLEURS.

PARCE QUE SI CE PRÉTENDU **MAÎTRE CRÉATEUR DES MONDES** EXISTE QUELQUE PART, QU'EST-CE QU'IL ATTEND POUR NOUS SAUVER, HEIN!? **QU'EST-CE QU'IL ATTEND!?**

J'ON!...

TU...TU N'AS PAS LE DROIT DE PARLER AINSI, C'EST UN BLASPHÈME.

M'EN FOUS! D'AILLEURS TOUT ÇA, C'EST DE TA FAUTE...

C'EST TOI QUI M'AS BOURRÉ LE CRÂNE AVEC CETTE HISTOIRE DE PROPHÉTIE DE CHOISI ET DE PEUPLE CHNINKEL À SAUVER. RÉSULTAT: AU LIEU DE VIVRE BIEN PEINARDS DANS UN GENTIL PETIT CHEZ-SOI, ON SE RETROUVE EN PANNE AU MILIEU DE LA GRANDE EAU À LA RECHERCHE D'UN PAYS QUI N'EXISTE QUE DANS VOS LÉGENDES.

SI SEULEMENT TU NE ME REPOUSSAIS PAS, NOUS POURRIONS AU MOINS CONNAÎTRE UN MOMENT DE BONHEUR AVANT DE MOURIR.

MAIS JE NE TE REPOUSSE PAS, J'ON...

JE T'AIME AU CONTRAIRE.

C'EST FAUX GWEL. C'EST LE CHOISI QUE TU AIMES, PAS MOI!

PAS J'ON PAS LE PAUVRE PETIT CHNINKEL QUI SE CONSUME D'AMOUR POUR TOI.

JE T'ASSURE QUE...

ALORS, PROUVE-LE MOI!

J'ON, NON!

IL...IL NE FAUT PAS... ET PUIS, JE N'AI JAMAIS...

MOI NON PLUS, G'WEL JE N'AI JAMAIS...

QU'AU MOINS LA DERNIÈRE CHOSE QUE NOUS CONNAISSIONS DANS NOTRE EXISTENCE SOIT CETTE PREMIÈRE FOIS.

J'ON, JE T'EN SUPPLIE...

J'ON...

52

BRROOMMM

70

CRRRAAAC

!?!?...

PRODIGE! PRODIGE!

PRODIGE, J'ON, PRODIGE! TU AS BIEN LE GRAND POUVOIR! IL FAUT REMERCIER LE MAÎTRE CRÉATEUR!

C'EST ÇA, MERCI, MERCI...

MAIS IL AURAIT PU ATTENDRE QUELQUES INSTANTS DE PLUS, TOUT DE MÊME...

TU NE TROUVES PAS QU'IL Y VA UN PEU FORT? ON NE LUI EN DEMANDAIT PAS TANT.

C'EST PARCE QUE TU AS DOUTÉ DE LUI, MON CHOISI...

MAIS AIE CONFIANCE, IL NOUS MÈNERA OÙ NOUS DEVONS ALLER.

53

54

JE N'EN SAIS RIEN, MAIS JE N'AIME PAS BEAUCOUP CET ENDROIT. TU CROIS QU'ON EST DANS LE **MAG MEL**?

FORCÉMENT. OÙ POURRIONS-NOUS ÊTRE SINON?

BEN VOYONS.

DANS CE CAS, IL NE NOUS RESTE PLUS QU'À DÉNICHER UN HABITANT DU COIN QUI POURRA NOUS DIRE OÙ TROUVER LE **SAGE SUALTAM**.

LÀ, REGARDE, NOTRE EM-BARCATION...

ELLE A L'AIR EN ASSEZ BON ÉTAT, C'EST TOU-JOURS ÇA, AU MOINS, NOUS POURRONS REPARTIR...

ATTENTION!

QU'EST-CE QUE ?...

CRRRAATCH!

HA! HA! HA!

HI! HI!

HA! HA! HA! HA!

JE... J'AI PEUR, J'ON. COMMENT FERONS-NOUS POUR RENTRER CHEZ NOUS, À PRÉSENT?

SAIS PAS, PUISQUE C'EST LE **MAÎTRE CRÉATEUR DES MONDES** QUI NOUS A AMENÉS JUSQU'ICI, À LUI DE NOUS EN SORTIR.

EN ATTENDANT, MOI, J'AI FAIM.

MOI AUSSI, JON. ET UN PEU FROID.

56

74

IL FAUDRAIT QUE JE TROUVE QUELQUE CHOSE POUR M'HABILLER, CELA DEVIENT INDÉCENT, À LA FIN, DE ME PROMENER TOUT LE TEMPS COMME ÇA...

OUI, OUI, D'ACCORD.

AH, DU BRENNEK RÔTI !... OU UN MNOUCHKA DORÉ À POINT ET BIEN JUTEUX !

?!?

MAIS ?...

EUH... MERCI.

DE RIEN, HA! HA! HA! HI! HI! HI!

?!?

G'WEL! TU...TU AS ENTENDU CE...

57

G'WEL!? OÙ AS-TU TROUVÉ CE... CETTE ?...

PENDUE À UNE BRANCHE. ELLE ME VA BIEN, TU NE TROUVES PAS? ET JUSTE À MA TAILLE.

JE DOIS DEVENIR FOU. LA FAIM, SANS DOUTE... POURVU QUE CE MNOUCHKA NE SOIT PAS, LUI AUSSI UNE HALLUCINATION...

58

HA! HA! HA!... VOUS AVEZ ENTENDU ÇA, MES CHÉRIES!? ILS DE-MANDENT OÙ TROUVER **SUALTAM**!..

QU'ILS SONT DRÔLES, HI! HI! HI!

HA! HA! HA!... C'EST LA MEIL-LEURE DES DIX DERNIÈRES CROI-SÉES, HA! HA!

NOUS AVONS DIT QUELQUE CHOSE DE RISIBLE?

PLUTÔT, CAR VOUS, AVEZ DÉJA TROUVÉ CELUI QUE VOUS CHERCHEZ...

POUR LA BONNE RAISON QUE VOUS ÊTES **DESSUS**!

VENEZ, NOUS ALLONS VOUS MONTRER.

60

ON DIRAIT... UN ARBRE !? UN ARBRE GÉANT !?

EN EFFET. CE QUE VOUS APPELEZ LE MAG MEL N'EST RIEN D'AUTRE QU'UN ARBRE. UN ARBRE IMMENSE ET SOLITAIRE AU MILIEU DE LA GRANDE EAU.

SA CIME DÉPASSE LES NUAGES ET SES RACINES PLONGENT JUSQU'AU CŒUR MÊME DE DAAR. C'EST PAR CES RACINES QU'IL CONNAÎT L'HISTOIRE DE NOTRE MONDE DEPUIS SA CRÉATION.

TU VEUX DIRE QUE ?...

QUE CET ARBRE **EST** LE **SAGE SUALTAM**, BIEN ENTENDU.

MAIS ALORS, COMMENT PEUT-ON LUI PARLER ?

C'EST TOUT SIMPLE... IL SUFFIT DE TROUVER UNE FLEUR TÉLÉPATHE. EN VOICI JUSTEMENT UNE, D'AILLEURS...

61

BONNE CHANCE !

HÉÉÉÉÉ !

J'ON !

GLOUP

79

QUE LUI AVEZ-VOUS FAIT !? SI C'EST ENCORE UNE DE VOS BLAGUES...

MAIS NON, RASSURE-TOI, TON AMI N'A RIEN À CRAINDRE.

C'EST LE SEUL MOYEN DE COMMUNIQUER AVEC LE SAGE SUALTAM...

PAR LES IMAGES DE LA PENSÉE.

PENDANT CE TEMPS, SI TU VEUX, NOUS ALLONS TE MONTRER D'AUTRES ROBES...

ET DES PARFUMS...

ET DES BIJOUX...

C'EST VRAI ? CHIC, ALORS !

TU POURRAS CHOISIR CE QUE TU VOUDRAS.

G'WEL, AU SECOURS...

TU VAS T'OUVRIR ! OUI !? LAISSE-MOI SORTIR D'ICI, ESPÈCE DE...

ÇA SUFFIT !

CESSE DE ME DONNER DES COUPS DE PIED, JON LE CHNINKEL, JE N'AIME PAS CELA DU TOUT ! DÉTENDS-TOI PLUTÔT, FERME LES YEUX ET OUVRE TA PENSÉE...

JE LIS DANS TON ESPRIT LES QUESTIONS QUE TU ES VENU ME POSER ET JE VAIS TENTER D'Y RÉPONDRE. ALORS TAIS-TOI, ÉCOUTE ET REGARDE...

62

IL NOUS FAUT, POUR CELA, REMONTER À L'ÂGE ANCIEN DE DAAR, LES TEMPS PREMIERS D'AVANT LA GUERRE...

EN CE TEMPS-LÀ LES TAWALS VELUS VIVAIENT LIBREMENT DANS LEURS FORÊTS, LES KOLDS NE QUITTAIENT JAMAIS LEURS MONTAGNES, ET LES CHNINKELS ÉTAIENT LE PEUPLE MAÎTRE DE LA PLANÈTE.

ILS VIVAIENT AUSSI HEUREUX QU'ON PUISSE L'ÊTRE, DANS LES VILLAGES OU DANS DES VILLES, DONT LA PRINCIPALE AVAIT POUR NOM **CHAM'HYR**.

ILS ÉLISAIENT LEURS ROIS, ÉTAIENT GOUVERNÉS PAR DES CONSEILS DE VÉNÉRABLES ET ADORAIENT D'UNE FOI NAÏVE MAIS PROFONDE LE MAÎTRE CRÉATEUR QU'ILS APPELAIENT **U'N**.

TOUT AURAIT PU CONTINUER AINSI DURANT DES MILLIERS DE CROISÉES SI UN DE CES ROIS DU NOM DE **N'ÔM**, N'AVAIT DÉCIDÉ QU'IL SERAIT DÉSORMAIS L'UNIQUE DIVINITÉ QUE SES SUJETS DEVAIENT ADORER.

ALORS, LES CHNINKELS SE DÉTOURNÈRENT DE **U'N** POUR ÉLEVER DES TEMPLES ET DES IDOLES À LA GLOIRE DE **N'ÔM** L'HÉRÉSIARQUE.

63

LA COLÈRE DU MAÎTRE CRÉATEUR FUT EFFROYABLE, ET SA PUNITION PIRE ENCORE.

UN JOUR FUNESTE ENTRE TOUS, LE SOL DE **DAAR** SE DÉCHIRA D'INNOMBRABLES GOUFFRES BÉANTS, TANDIS QUE LE FEU DU CIEL DÉTRUISAIT **CHAM'HYR** ET TOUTES LES AUTRES CITÉS DE LA PLANÈTE.

QUANT À N'ÔM L'HÉRÉSIARQUE IL FUT FRAPPÉ D'UNE LÈPRE AFFREUSE. PUIS IL DISPARUT, PERSONNE NE SAIT COMMENT.

UNE LÉGENDE DIT QUE, DEPUIS, IL SOUFFRE ÉTERNELLEMENT DANS LE NON-MONDE. MAIS JE NE POURRAIS DIRE SI CETTE LÉGENDE EST FONDÉE, CAR MÊME MOI J'IGNORE CE QU'EST EN RÉALITÉ LE NON-MONDE.

HÉLAS, CET ÉPOUVANTABLE CHÂTIMENT NE SUFFIT PAS À APAISER LE COURROUX DE U'N...

DES RUINES ENCORE FUMANTES DE CE MONDE RAVAGÉ SURGIRENT EN HURLANT LES ARMÉES DE CEUX QU'ON APPELA LES TROIS IMMORTELS : ZEMBRIA LA CYCLOPE, BARR-FIND MAIN NOIRE ET JARGOTH LE PARFUMÉ !

AINSI NAQUIT LA GUERRE. ET AINSI DÉBUTA LE LONG ESCLAVAGE DU PEUPLE CHNINKEL, QUI NE CESSE DEPUIS D'EXPIER LA TERRIBLE FAUTE DE SES ANCÊTRES.

MAIS UNE PROPHÉTIE DIT QU'UN JOUR VIENDRA UN CHOISI, DÉSIGNÉ PAR U'N LUI-MÊME, QUI RÉTABLIRA LA PAIX SUR DAAR, ET RENDRA LEUR LIBERTÉ AUX CHNINKELS. C'EST TOUT CE QUE JE SAIS SUR CE QUE TU VOULAIS CONNAÎTRE, J'ON

UN INSTANT... COMMENT CE CHOISI RÉUSSIRA-T-IL À MENER CE... EUH... CETTE MISSION À BIEN ?

JE L'IGNORE...

MOI, JE NE M'OCCUPE QUE DU PASSÉ. L'AVENIR, CE SERAIT PLUTÔT DU RESSORT DE VOLGA LA DEVINERESSE.

AH...

ET OÙ POURRAIS-JE TROUVER CETTE... DAME ?

AUX DERNIÈRES NOU-VELLES, ELLE HABITAIT PRÈS DU 708E RAMEAU DE MA 1127E BRANCHE AU-DESSUS DE MA 293E RACINE EN COMPTANT À PAR-TIR DU SEP. MAIS ELLE DÉMÉNAGE SOUVENT.

LA CONSULTATION EST TERMINÉE, MERCI DE VOTRE VISITE.

HÉ ! ATTENDEZ !...

OUVREZ ! COMMENT VOULEZ-VOUS QUE JE...

C'EST MALIN ! COMMENT VAIS-JE M'Y RETROUVER MAINTENANT !?

VOLGA

66

87

SI MONSIEUR VEUT BIEN SE DONNER LA PEINE DE DESCENDRE, EH EH EEEH.

MADAME **VOLGA** ATTEND MONSIEUR DANS LE PETIT SALON DU PREMIER, TROISIÈME PORTE À PATTE GAUCHE.

SI MONSIEUR A BESOIN DE MOI, QUE MONSIEUR N'HÉSITE PAS À M'APPELER. ON NE SAIT JAMAIS, EH EH EEH.

JE N'Y MANQUERAI PAS, SHUM-SHUM, MERCI.

EH EH EEEH.

TROISIÈME PORTE À GAUCHE...

68

ENTRE, MON JOLI, ENTRE.

89

SI C'EST ENCORE UN DE VOS TOURS ?...

NON, NON, RASSURE-TOI, CE MNOUCHKA NE TE SAUTERA PAS À LA FIGURE, C'EST PROMIS. VIENS T'ASSEOIR PRÈS DE MOI ET MANGE, TU AS BESOIN DE PRENDRE DES FORCES.

C'EST BON ?

DÉLICIEUX. VOUS ÊTES AUSSI MAGICIENNE APPAREMMENT.

À MES HEURES PERDUES...

JE ME SUIS FABRIQUÉ CE COLLIER MAGIQUE IL Y A QUELQUES SIÈCLES UN JOUR OÙ JE M'ENNUYAIS. IL SUFFIT DE L'ENROULER AUTOUR D'UNE DE SES PATTES ET DE SOUHAITER N'IMPORTE QUOI. ÇA MARCHE À TOUS LES COUPS.

LE PENDENTIF DE CE COLLIER... POURQUOI LUI AVEZ-VOUS DONNÉ CETTE FORME ?

JE NE SAIS PAS...

POUR FAIRE JOLI, JE SUPPOSE.

MAIS REVENONS À L'OBJET DE TA VISITE, CHER PETIT J'ON. TU ES ALLÉ DEMANDER À SUALTAM L'ORIGINE DE LA GUERRE ENTRE LES TROIS IMMORTELS. N'EST-CE PAS ?

OUI, À CAUSE DE LA PROPHÉTIE.

LES CHNINKELS PRÉTENDENT QU'UN JOUR UN CHOISI...

JE CONNAIS CETTE PROPHÉTIE MON MIGNON. C'EST MOI QUI L'AI FAITE.

70

VOUS !?

ÉVIDEMMENT, QUI D'AUTRE QUE MOI, SUR **DAAR**, SERAIT CAPABLE DE FAIRE DES PROPHÉTIES, JE TE LE DEMANDE ?...

UN ENVOYÉ DE TON PEUPLE EST VENU ME TROUVER IL Y A BIEN LONGTEMPS, PEU APRÈS L'APPARITION DES **IMMORTELS** ET DE LEURS ARMÉES, ET JE LUI AI PRÉDIT QU'UN JOUR VIENDRAIT UN CHNINKEL CHOISI PAR L'**UN** QUI DÉLIVRERAIT LES SIENS, OU QUELQUE CHOSE COMME ÇA.

MAIS ALORS, SI VOUS CONNAISSEZ L'AVENIR, VOUS POUVEZ ME DIRE QUAND ET COMMENT CETTE PROPHÉTIE SE RÉALISERA ?

JE NE **CONNAIS** PAS L'AVENIR, J'ON, JE PEUX DEVINER UN AVENIR **POSSIBLE**, CE QUI N'EST PAS DU TOUT LA MÊME CHOSE.

JE... JE NE COMPRENDS PAS.

VOIS-TU, LA DESTINÉE DE L'UNIVERS EST TRACÉE DE TOUTE ÉTERNITÉ PAR LES **LIGNES ESSENTIELLES**. MAIS IL Y A UNE MULTITUDE DE CHEMINS QUI PERMETTENT DE SUIVRE CES LIGNES.

ET QUI LES A TRACÉES, CES LIGNES ? LE **MAÎTRE CRÉATEUR DES MONDES** ?

PEUT-ÊTRE. À MOINS QU'IL NE SOIT LUI-MÊME L'INSTRUMENT D'UNE **VOLONTÉ** INFINIMENT SUPÉRIEURE.

71

DAAR N'EST QU'UN GRAIN DE SABLE DANS L'UNIVERS, MON JOU, ET L'UNIVERS TOUT ENTIER N'EST SANS DOUTE QU'UNE POUSSIÈRE INFIME DANS UNE IMMENSITÉ AUX MULTIPLES DIMENSIONS DONT LES LIMITES DÉPASSENT L'ENTENDEMENT DES DIEUX EUX-MÊMES...

JE NE PEUX DONC PAS TE DIRE SI TU ES OU NON LE **CHOISI**, J'ON. TU NE LE SERAS AUJOURD'HUI QU'**APRÈS** AVOIR ACCOMPLI **DEMAIN** LA TÂCHE DONT IL EST PRÉVU QUE LE **CHOISI** DOIT S'ACQUITTER.

JE... JE CROIS QUE J'AI UN PEU MAL À LA TÊTE...

C'EST SANS DOUTE LE MNOUCHKA, IL ÉTAIT ASSEZ ÉPICÉ.

MAIS SI JE NE RÉTABLIS PAS LA PAIX, DAAR SERA DÉTRUITE. C'EST LE **MAÎTRE CRÉATEUR** LUI-MÊME QUI ME L'A DIT.

IL EST POSSIBLE, EN EFFET, QUE **DAAR** SOIT DÉTRUITE, CORPUSCULE DÉRISOIRE EFFACÉ SANS BRUIT DE L'ESPACE ET DU TEMPS...

MAIS IL EST ÉGALEMENT POSSIBLE QU'ELLE NE LE SOIT PAS. DANS CE CAS, TA VISION DU **MAÎTRE CRÉATEUR** N'AURA ÉTÉ QU'UNE HALLUCINATION, ET LES CHNINKELS CONTINUERONT À ATTENDRE LA VENUE DE LEUR **CHOISI**. TU VOIS, C'EST TOUT SIMPLE.

ET SI JE VOUS DEMANDAIS DE FAIRE UNE NOUVELLE PROPHÉTIE, **VOLGA**? DE ME DIRE, PAR EXEMPLE, COMMENT ON POURRAIT FAIRE CESSER LA GUERRE?

ÇA, C'EST AUTRE CHOSE...

BIEN SÛR, QUE JE PEUX FAIRE LA PROPHÉTIE, D'AILLEURS, C'EST MA FONCTION...

... MAIS JE NE POURRAI PAS TE GARANTIR LES CONDITIONS DE SA RÉALISA- TION.

72

EN OUTRE, JE DOIS TE PRÉVENIR QU'IL Y A UNE PETITE FORMALITÉ: JE NE PEUX FAIRE DE PROPHÉTIES QU'EN **ÉTAT DE PLAISIR.**

CE QUI VEUT DIRE?

QUE TOI ET MOI, NOUS DEVONS NOUS UNIR, MON MIGNON, AFIN DE ME PERMETTRE D'ATTEINDRE L'ÉTAT EN QUESTION.

?!!?

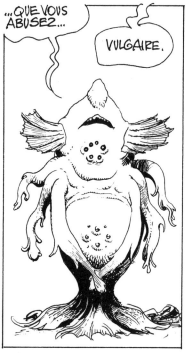
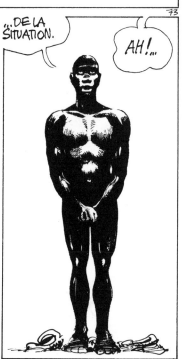

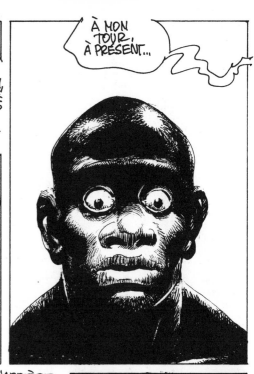

OUI, COMME ÇA...
ENCORE....
ENCORE....

C'EST BON, OUI...
PLUS FORT... PLUS
FORT... OUIIIIIIII

OUI, ENCORE,
JE SENS
QUE ÇA VIENT...

...ÇA VIENT...

75

ÇA VIENT... LA... LA PAIX
REVIENDRA...
QUAND LES TROIS
UNIRAAAAAAH...

ALORS... HEUREUX?

C'ÉTAIT... C'ÉTAIT TRÈS BIEN, TRÈS INSTRUCTIF. MERCI POUR TOUT.

TOUT LE PLAISIR ÉTAIT POUR MOI, MON JOU. TU AS ENTENDU MA PROPHÉTIE, AU MOINS?

EH, OUI, MAIS...

À TOI DE L'INTERPRÉTER J'ON. JE DOIS DORMIR À PRÉSENT. MON YAGUL TE RAMÈNERA OÙ TU VOUDRAS.

C'EST QUE J'AURAIS VOULU QUELQUES EXPLIC...

76

QU'EST-CE QU'ELLES VEULENT DIRE ? QUI EST CETTE VOLGA ?

JE... JE T'EXPLIQUERAI TOUT ÇA PLUS TARD, G'WEL. NOUS DEVONS D'ABORD PARTIR D'ICI EN VITESSE.

DÉJÀ ? MAIS POURQUOI SI VITE ?

PARCE QUE LE TEMPS PRESSE, VOILÀ TOUT. AURAIS-TU OUBLIÉ QUE J'AI UNE MISSION À REMPLIR ?

BON, BON, J'ARRIVE... LE TEMPS D'EMPAQUETER MES CADEAUX...

ADIEU, PETITES CHÉRIES. ET MERCI. MERCI POUR TOUT.

ADIEU, G'WEL

ADIEU, J'ON

BON RETOUR CHEZ VOUS.

ET BONNE CHANCE !

OH, LE DRÔLE D'OISEAU !

MAIS CELA FAIT UN SUPPLÉMENT DE BAGAGES, ÇA ! JE NE SAIS PAS SI JE PEUX...

78

TOI, LE YAGUL, JE TE CONSEILLE DE LA BOUCLER SI TU NE VEUX PAS QUE JE T'EMPÊCHE DÉFINITIVEMENT DE RICANER, COMPRIS ?!

FICHU MÉTIER !

JARGOTH

NOUS AVONS FAIT CE VOYAGE POUR RIEN, G'WEL.

"LA PAIX REVIENDRA QUAND LES TROIS UNIRAS"... CE N'EST PAS UNE PROPHÉTIE ÇA, C'EST UNE ÉVIDENCE.

AU CONTRAIRE, J'ON, CETTE PRÉDICTION T'INDIQUE CLAIREMENT LA VOIE À SUIVRE.

TU DOIS ALLER TROUVER LES TROIS IMMORTELS ET LES CONVAINCRE DE S'UNIR AU LIEU DE SE COMBATTRE.

BEN VOYONS!... CE QUI NOUS RAMÈNE À LA CASE DÉPART, SOIT DIT EN PASSANT.

PARCE QUE TU CROIS QU'ILS VONT GENTIMENT ACCEPTER DE M'ÉCOUTER, SANS DOUTE? MOI, UN MISÉRABLE PETIT ESCLAVE CHNINKEL, CHOISI OU NON...

SI MONSIEUR VEUT BIEN M'AUTORISER À PLACER UN MOT, EH EH EEEH ...

79

JE ME PERMETTRAIS DE SIGNALER À MONSIEUR QUE LA TERRE EST EN VUE.

OÙ MADEMOISELLE ET MONSIEUR DÉSIRENT-ILS QUE JE LES DÉPOSE?

À MAELAR SHUMSHUH.

À MAELAR, TU ES FOLLE!?

AU CONTRAIRE, J'ON. NOUS DEVONS CONVAINCRE LES VÉNÉRABLES QUE TU ES BIEN LE VRAI CHOISI. IL FAUT QUE LE PEUPLE CHNINKEL TOUT ENTIER SE LÈVE ET MARCHE DERRIÈRE TOI!

VOUS ME VOYEZ DÉSOLÉ DE VOUS INTER- ROMPRE UNE FOIS ENCORE *EH EH EEEH...*

MAIS J'AI PEUR QUE VOS PROJETS NE SE HEURTENT DANS L'IMMÉDIAT À QUELQUES CONTRARIÉTÉS.

LES ARCHERS DE JARGOTH!

VITE, SHUMSHUM, DANS CETTE GORGE, LÀ-BAS!

COMME MONSIEUR VOUDRA...

80

104

AAAHH

MES ROBES! MES BIJOUX! MES PARFUMS!

TU TROUVES QUE C'EST LE MOMENT?...

JE CRAINS FORT QUE NOUS NE SOYONS ENCERCLÉS, EH EH EEEH. MONSIEUR AURAIT-IL UNE SUGGESTION À ME FAIRE?

JE... J'EN SAIS RIEN, MOI... FONCE DANS LE TAS, SHUMSHUM!

QUE MONSIEUR ME PARDONNE, MAIS...AAAH

SHUMSHUM!

J'ON, FAIS QUELQUE CH...

105

BON SANG QUEL CHOC! JE DOIS AVOIR TOUS LES OS BRISÉS...

G'WEL COMMENT?... G'WEL!?

DOU... DOUCEMENT, MONSIEUR...

MONSIEUR NE VOIT-IL PAS QUE JE SUIS EN TRAIN DE MOURIR?

G'WEL, OÙ ES-TU?

AH, QUELLE FIN SANS GLOIRE POUR LE PREMIER ET LE DERNIER DES YAGULS RICANEURS, EH EH EE...

G'WEL!?

G'W...?!?...

OUILLOUILLOUILLOUILLE...

?!?

EUH, SALUT.

OÙ... OÙ SOMMES-NOUS, ICI ?

VOUS ENTENDEZ ÇA, LES GARS !? IL DEMANDE OÙ IL EST HA! HA! HA!

D'OÙ IL SORT, CET AHURI !?

LAISSE-LES RIRE ET VIENS PAR ICI, L'AMI. IL DOIT ME RESTER UN PEU DE PAILLE PAS TROP POURRIE DANS MON COIN.

QU'EST-CE QUE ÇA PUE, CE TROU !

BAH, ON S'Y HABITUE. ET PUIS, TU N'AURAS PAS À SUPPORTER L'ODEUR BIEN LONG-TEMPS PUISQUE NOUS MOURRONS TOUS DEMAIN

UNE FOIS PAR CROISÉE, JARGOTH FAIT ENFERMER ICI LES CHNINKELS MALADES ET BLESSÉS, LES ESCLAVES VAGABONDS OU SIMPLEMENT TOUS CEUX QUI, COMME MOI, SONT DEVENUS TROP VIEUX POUR POUVOIR ENCORE TRAVAILLER.

POUR LES LIQUIDER, C'EST ÇA?

BIEN SÛR, MAIS EN JOIGNANT L'UTILE AU DIVERTISSEMENT. DEMAIN, NOUS SERONS LIVRÉS DANS L'ARÈNE À DES TAWALS SAUVAGES FRAÎCHEMENT CAPTURÉS. JARGOTH ET SES ARCHERS ADORENT CE GENRE DE SPECTACLE, PARAÎT-IL.

ENSUITE, S'IL RESTE DES SURVIVANTS, CEUX-CI SONT ABATTUS À COUPS DE FLÈCHES PAR LE PUBLIC. ET LES CADAVRES SONT JETÉS EN PÂTURE AUX ORPHYX CARNIVORES. AINSI, RIEN NE SE PERD.

MAIS JE NE VEUX PAS MOURIR COMME ÇA, MOI! C'EST DÉGOÛTANT! IL FAUT FAIRE QUELQUE CHOSE!

J'ON!

J'ON LE CHOISI! GLOIRE À TON NOM, TE REVOICI ENFIN PARMI NOUS!

TU NE ME RECONNAIS PAS? JE SUIS AR'TH, UN DE CEUX QUI ONT CONSTRUIT TON EMBARCATION POUR PARTIR SUR LA GRANDE EAU. C'EST EN VENANT ICI PRÊCHER NOS FRÈRES EN TON NOM QUE J'AI ÉTÉ CAPTURÉ PAR CES MAUDITS ARCHERS.

MAIS DIS-MOI VITE... AS-TU RÉUSSI À ATTEINDRE LE MAG-MEL? AS-TU VU LE SAGE SUALTAM, LA MÉMOIRE DU MONDE?

EH, OUI, MAIS...

ALORS, NOUS SOMMES SAUVÉS! NOUS SOMMES TOUS SAUVÉS!

C'EST... C'EST PEUT-ÊTRE BEAUCOUP DIRE...

FRÈRES, ÉCOUTEZ-MOI!
VOICI CELUI DONT JE VOUS AVAIS ANNONCÉ LA VENUE: **LE CHOISI**, DÉSIGNÉ PAR U'N LUI-MÊME POUR RAMENER LA PAIX SUR DAAR ET RENDRE SA LIBERTÉ À NOTRE PEUPLE!

AINSI QUE LE PRÉDISAIT L'ANCESTRALE PROPHÉTIE, LE CHOISI A REÇU DU **MAÎTRE CRÉATEUR** DES MONDES LE **GRAND POUVOIR** D'ACCOMPLIR DES PRODIGES AFIN DE NOUS GUIDER SUR LA VOIE DU SALUT ET DE LA DÉLIVRANCE.

T'AS PAS BIENTÔT FINI DE NOUS CASSER LES OREILLES AVEC TES SALADES!? LA SEULE CHOSE POUR LAQUELLE TON AVORTON A ÉTÉ CHOISI, C'EST POUR SERVIR DE GUEULETON À CES SÁLOPERIES D'ORPHYX! COMME NOUS TOUS, D'AILLEURS.

85

OU ALORS, S'IL SAIT VRAIMENT FAIRE DES PRODIGES, QU'IL ME RENDE DONC MES MAINS, POUR VOIR!...

ALORS, HEIN, QU'EST-CE QUE T'ATTENDS, CHOISI DE MES DEUX!?

ÇA SUFFIT!

ALLEZ, CHOISI, VAS-Y, DONNE-Z-Y-LUI DE BELLES MAINS TOUTES NEUVES!

FAIS-NOUS UN PETIT PRODIGE, CHOISI!

HA! HA!

OFFRE-NOUS LA LIBERTÉ, CHOISI, HA! HA! HA!

HA! HA!

N'AS-TU PAS HONTE D'EXPRIMER UN SOUHAIT AUSSI ÉGOISTE ?

BEN VOYONS !...

?!

CASSONS-LEUR LA FIGURE À CES ESCROCS !

LES PRODIGES DU CHOISI SONT DESTINÉS À DE PLUS GRANDS DESSEINS...

LAISSE, AR'TH IL EST NORMAL QUE LES AVEUGLES IGNORENT LA LUMIÈRE.

JE VAIS DONC ÉCLAIRER LEURS TÉNÈBRES. PAR LE GRAND POUVOIR, QUE **TES MAINS RENAISSENT !**

?!?!

?? ?!? ??? ?!

PRODIGE ! PRODIGE ! GLOIRE AU CHOISI ! GLOIRE AU CHOISI !

GLOIRE AU CHOISI !

RENDS-MOI MES JAMBES, CHOISI !

MON OEIL CREVÉ !

MA PLAIE AU VENTRE !

MON NEZ COUPÉ !

MON OREILLE, ARRACHÉE !

MES RHUMA-TISMES !

MON PIED-BOT !

MON BRAS DÉMIS !

MES DOIGTS ÉCRASÉS !

MON LUMBAGO !

MMM...

BELLE JOURNÉE! D'AILLEURS, UNE JOURNÉE QUI COMMENCE PAR UN PETIT MASSACRE DE CHNINKELS NE PEUT ÊTRE QU'UNE BELLE JOURNÉE.

TOUT DE SUITE, VOTRE IMMORTAUTÉ.

ALLONS, QUE LA FÊTE COMMENCE!

GLOIRE AU CHOISI! GLOIRE À U'N! GLOIRE AU MAÎTRE CRÉATEUR DES MONDES!

MAIS... ILS CHANTENT, MA PAROLE !?!

GLOIRE À J'ON LE CHOISI ! GLOIRE À U'N !

ET EN PLUS, CES ESCLAVES ONT TOUS L'AIR D'ÊTRE EN PARFAITE SANTÉ ! QU'EST-CE QUE CELA SIGNIFIE !?

JE... JE NE COMPRENDS PAS, VOTRE IMMORTALITÉ...

PRENDS GARDE, JARGOTH LE PARFUMÉ !

ENTENDS L'AVERTISSEMENT QUE LE MAÎTRE CRÉATEUR DES MONDES M'A CHARGÉ DE TE DONNER...

MAIS C'EST COMPLÈTEMENT FOU, ÇA ! CELA FAIT PARTIE DU SPECTACLE ?

JE... JE CROIS QU'IL S'AGIT DE CET AGITATEUR DONT JE VOUS AVAIS VAGUEMENT PARLÉ, VOTRE IMMORTALITÉ, CE PAUVRE ILLUMINÉ QUI PRÉTEND DONNER LA LIBERTÉ AUX CHNINKELS.

SI LA PAIX N'EST PAS BIENTÔT RÉTABLIE SUR DAAR...

EH BIEN, IL NE VA PLUS S'AGITER LONGTEMPS, TON AGITATEUR.

QUE L'ON LÂCHE LES TAWALS !

NOTRE MONDE SERA DÉTRUIT !

?!? !?! ???

88

BOM-BOM... BOM-BOM...

BOM... BOM-BOM?... C'EST... C'EST TOI!? C'EST VRAI-MENT TOI!?

OH, BOM-BOM QU'EST-CE QUE JE SUIS CONTENT QUE TU AIES RÉUSSI À ÉCHAPPER AUX KOLDS, TU NE PEUX PAS SAVOIR!...

PRODIGE! PRODIGE! GLOIRE AU CHOISI!

GLOIRE AU CHOISI!

ÉCOUTE, MON GROS, IL FAUT ABSOLUMENT QUE TOI ET TES CO-PAINS, VOUS NOUS TIRIEZ DE LÀ, TU AS COMPRIS!?

HHHH HHHH...

VITE, RELEVEZ-VOUS ET COUREZ! MON GRAND POUVOIR PEUT SANS DOUTE ARRÊTER LES TAWALS SAUVAGES, MAIS PAS LES FLÈCHES DES ARCHERS DE JARGOTH.

QU'EST-CE QUE VOUS ATTENDEZ, VOUS AUTRES! TIREZ! TIREZ! TUEZ-MOI TOUS CES MAUDITS CHNINKELS ET CES TAWALS STUPIDES!

90

ILS ONT REFERMÉ LA GRILLE!

NOUS SOMMES PERDUS!

TUEZ! TUEZ! MASSACREZ-LES TOUS!

NOUS DEVONS ESSAYER D'ATTEINDRE UN DES ESCALIERS QUI MÈNENT AU PIED DE LA MONTAGNE...

TU SAIS COMMENT Y ARRIVER?

MALHEUREUSEMENT, NON.

LES MALHEUREUX !...
PEUT-ÊTRE
AURAIS-TU PU ?...

JE NE
POUVAIS RIEN
FAIRE, AR'TH.
AU MOINS SONT-
ILS MORTS EN
CHNINKELS
LIBRES.

HHHH
HHHH

ON DIRAIT
QUE TON TAWAL
A TROUVÉ
QUELQUE
CHOSE....

PEUT-ÊTRE
EST-CE UN DE
CES ESCALIERS
DONT TU
PARLAIS ?

ROSIN x VAN HAMME 86

LA NUIT EST TOMBÉE NOUS POUVONS RISQUER LE COUP.

C'EST ÉTRANGE QU'ILS NE NOUS AIENT PAS POURSUIVIS...

ILS NOUS CROIENT CERTAINEMENT MORTS AVEC LES AUTRES. POUR LES RACES SUPÉRIEURES, TOUS LES CHNINKELS ET LES TAWALS SE RESSEMBLENT.

BON, ALLONS-Y!

EN COURANT AUSSI VITE QUE NOUS LE POUVONS!

93

ZEMBRIA

CA NE TE RAPPELLE PAS NOTRE PREMIÈRE RENCONTRE, BOM-BOM?

NOUS REVOICI CACHÉS DANS LA FORÊT. JE TE DÉLIVRE À NOUVEAU DE TES MANCHONS DE GUERRE, ET ENSUITE, TU VAS ALLER NOUS CHERCHER QUELQUE CHOSE À MANGER.

MANGER... MIAM-MIAM... TU TE SOUVIENS?

HHHH

MIAM-MIAM

HHHH

DIS DONC, MON GROS, TU SAIS QUE TU ES EN TRAIN DE DEVENIR BOUGREMENT INTELLIGENT, TOI?

HHHHH

BOM-BOM

BOM-BOM

BRAVE TAWAL, VA! JE SUIS PERSUADÉ QU'AVEC UN PEU DE PATIENCE, ON ARRIVERAIT À EN FAIRE QUELQUE CHOSE.

MAIS OÙ A BIEN PU PASSER AR'TH?... IL A POURTANT DORMI AVEC NOUS, CETTE NUIT. ET CE MATIN, PLUS PERSONNE...

IL A DÛ SE RÉVEILLER AVANT NOUS ET S'ÉLOIGNER POUR... PEUT-ÊTRE S'EST-IL FAIT ATTAQUER PAR UN FAUVE? OU ALORS, IL EST TOMBÉ DANS UN MARÉCAGE?...

ET PUIS ZUT, QU'IL SE DÉBROUILLE! JE NE SUIS PAS SA NOURRICE, APRÈS TOUT. DÈS QUE BOM-BOM SERA REVENU, NOUS PARTIRONS À LA RECHERCHE DE G'WEL.

AH, G'WEL, DOUCE G'WEL AUX YEUX DE SATIN... POURVU QU'ELLE N'AIT PAS ÉTÉ TROP GRAVEMENT BLESSÉE DANS SA CHUTE... UN SI JOLI CORPS, CE SERAIT DOMMAGE.

CAR JE SUIS BIEN **LE CHOISI**, IL N'Y A PLUS AUCUN DOUTE. JE SUIS ALLÉ DANS LE MAG MEL, J'AI SURVÉCU À MILLE DANGERS, J'AI ACCOMPLI DE NOMBREUX PRODIGES...

SANS DOUTE AURA-T-ELLE REJOINT MAELAR, JE LA RETROUVERAI LÀ-BAS, ET JE SAURAI BIEN CONTRAINDRE CES STUPIDES COUARDS DE VÉNÉRABLES À M'OBÉIR

ÉVIDEMMENT, LE COLLIER MAGIQUE DE VOLGA Y EST POUR QUELQUE CHOSE, ET JE L'AI PERDU. MAIS CE N'EST CERTAINEMENT PAS PAR HASARD SI CE COLLIER EST ENTRÉ EN MA POSSESSION. IL EST CERTAIN QUE CELA FAISAIT PARTIE DU DESTIN QUI M'A ÉTÉ TRACÉ PAR U'N.

JE RÉTABLIRAI DONC LA PAIX SUR DAAR, JE LIBÉRERAI MON PEUPLE ET JE ME FERAI ÉLIRE ROI. J'ON, ROI DES CHNINKELS! ÇA SONNE BIEN...

95

RÉVEILLE-TOI, CHNINKEL!

LES KOLDS!

COMME ON SE RETROUVE, HEIN VERMINE ?!

C'EST BIEN CETTE POURRITURE D'ESCLAVE QUI A FAIT TUER NOTRE FRÈRE.

TU MÉRITERAIS DE SOUFFRIR POUR CELA, CHNINKEL, EN ÉTANT PLONGÉ LENTEMENT DANS UN CHAUDRON DE PLOMB EN FUSION, PAR EXEMPLE.

MAIS TU AS DE LA CHANCE, TU NE MOURRAS PAS TOUT DE SUITE...

ZEMBRIA NOUS A PROMIS UNE BONNE RÉCOMPENSE POUR TA CAPTURE. ET UN VIVANT QUI RAPPORTE VAUT MIEUX QU'UN MORT SANS VALEUR. ALLEZ, HOP, DANS LA CAGE!

AR'TH!

ILS T'AVAIENT DONC CAPTURÉ, TOI AUSSI!

EUH...

ET COLLEZ-Y L'AUTRE AUSSI! ON L'OFFRIRA EN PRIME À LA CYCLOPE.

?!?

96

NON! TU N'AS PAS LE DROIT!... TU M'AVAIS PROMIS...

123

POURQUOI, AR'TH? TOI QUE JE CONSIDÉRAIS COMME MON FRÈRE, QUE JE M'ÉTAIS PROMIS DE PROTÉGER COMME MON FILS... POURQUOI?

PARDON, J'ON.

AVANT D'ÊTRE CAPTURÉ PAR LES ARCHERS, J'AVAIS ÉTÉ PRIS PAR CES MAUDITS KOLDS. ILS M'ONT PROMIS LA VIE SAUVE ET DE L'OR SI JE ME LIVRAIS À EUX. HÉLAS, POURQUOI LES AI-JE ÉCOUTÉS?...

TIENS, JON, JE... JE TE RENDS TON TALISMAN. TU L'AVAIS LAISSÉ TOMBER EN ENTRANT DANS L'ARÈNE, L'AUTRE MATIN. JE... J'ESPÉRAIS LE GARDER POUR MOI. POURRAS-TU JAMAIS ME PARDONNER?

J'AI TELLEMENT HONTE... TELLEMENT HONTE...

JE TE PARDONNE AR'TH. CAR VOIS-TU SI LA TRAHISON ABAISSE CEUX QUI LA COMMETTENT ELLE ÉLÈVE CEUX QUI EN SONT L'OBJET.

J'AI PEUR, AUSSI. QUE VA NOUS FAIRE CETTE AFFREUSE ZEMBRIA?

JE L'IGNORE. MAIS L'OCCASION EST TROP BELLE DE LA VOIR ENFIN DE PRÈS.

C'EST DONC ÇA LE VER DE TERRE QUE LES ESCLAVES APPELLENT **LE CHOISI**...

LE SALE PETIT CRAPAUD QUI A TUÉ PAR MALÉFICE UNE DE MES MEILLEURES GUERRIÈRES! TE RENDS-TU COMPTE DE L'ABJECTION DE TON CRIME, CHNINKEL?

LE GRAND POUVOIR QUE J'AI REÇU DU **MAÎTRE CRÉATEUR DES MONDES.** EN SON NOM, ZEMBRIA LA CYCLOPE, JE T'ADJURE DE CESSER LA GUERRE STÉRILE QUE TU MÈNES CONTRE LES AUTRES IMMORTELS ET DE DÉLIVRER MES FRÈRES DE LEURS CHAÎNES.

ASSEZ!

CE N'EST PAS MOI QUI AI TUÉ TA GUERRIÈRE, Ô IMMORTELLE, C'EST MON **GRAND POUVOIR.**

COMMENT OSES-TU ADRESSER LA PAROLE À L'IMMORTELLE SANS EN AVOIR REÇU L'ORDRE! SURTOUT POUR PROFÉRER DE TELLES ABSURDITÉS.

100

RIEN QUE POUR CELA, TOUT AUTRE QUE TOI SERAIT DÉJÀ EN TRAIN DE BAVER D'HORREUR ET DE SOUFFRANCE DANS LES PIRES SUPPLICES. MAIS AUPARAVANT, JE SERAIS CURIEUSE DE METTRE À L'ÉPREUVE CE PRÉTENDU GRAND POUVOIR. TU VOIS CETTE PIÈCE D'EAU ?

SI TU RÉUSSIS À LA TRAVERSER, JE M'ENGAGE À TE LIBÉRER SUR LE CHAMP, AINSI QUE TOUS LES ESCLAVES CHNINKELS DE MON CAMP.

C'EST... C'EST TOUT !?

C'EST TOUT.

MAIS TU AURAIS GRAND TORT DE SOUS-ESTIMER CETTE ÉPREUVE, CROIS-MOI. QUE L'ON JETTE L'AUTRE CHNINKEL DANS LE BASSIN !

EH! MAIS JE NE SAIS PAS NAGER, MOI !

101

NON, NE...

AAAAHH

128

ADIEU, AR'TH.
TU AS PAYÉ
DE BIEN HORRIBLE
MANIÈRE TON
PAUVRE CRIME.

ALORS ?

JE SUPPOSE QUE
JE N'AI PAS
LE CHOIX...

TU AS PARFAITEMENT
RÉSUMÉ LA SITUATION,
CHNINKEL.
VA, L'EAU ARDENTE
T'ATTEND!

102

YOLGA, SI TON COLLIER ME TIRE
DE LÀ, JE JURE DE NE PLUS
JAMAIS RIEN VOLER POUR
LE RESTANT DE MA VIE...

OUF! MERCI, VOLGA!

DE RIEN, MON JOLI. ET ADIEU. TU VAS APPRENDRE, DÉSORMAIS, À TE DÉBROUILLER SANS MA MAGIE...

EMPAREZ-VOUS DE CE SORCIER!

ZEMBRIA, MAUDITE PARJURE! EST-CE AINSI QUE TU TIENS TA PROMESSE!?

TAIS-TOI, VERMINE!

PSSSHHH

MON COLL...

EH BIEN, CHNINKEL, N'ES-TU PAS SURPRIS D'ÊTRE ENCORE EN VIE?

104

TU ES ICI DANS MA CHAMBRE SECRÈTE, OÙ NUL À PART MOI NE PÉNÈTRE JAMAIS. JE TE FAIS CET HONNEUR PARCE QUE J'ADMETS QUE TU ES UN GRAND MAGICIEN, J'ON LE CHNINKEL.

PEUT-ÊTRE MÊME ES-TU CE CHOISI ENVOYÉ PAR UN PRÉTENDU CRÉATEUR DE MONDES, QUI SAIT ?

OUI, JE LE SUIS, ET TU DOIS RESPECTER TA PAROLE, ZEMBRIA ! TU DOIS LIBÉRER TOUS LES ESCLAVES DE TON CAMP.

JE LES LIBÉRERAI, RASSURE-TOI. JE SUIS MÊME PRÊTE À CESSER MA GUERRE CONTRE JARGOTH ET BARR-FIND. MAIS AUPARAVANT...

...JE VEUX QUE TU ME GUÉRISSES DE ÇA !

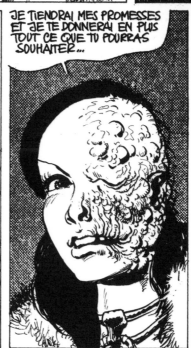

JE TIENDRAI MES PROMESSES ET JE TE DONNERAI EN PLUS TOUT CE QUE TU POURRAS SOUHAITER...

FEMELLES, ESCLAVES, BIJOUX... MÊME UN TRÔNE, SI TU LE DÉSIRES... MAIS GUÉRIS-MOI !

TU NE RÉPONDS PAS ? TU VEUX SANS DOUTE QUE JE T'IMPLORE, C'EST ÇA ? TU VEUX QUE L'IMMORTELLE S'HUMILIE DEVANT UN CHNINKEL !?

NON, CE N'EST PAS...

EH BIEN SOIT, JE M'AGENOUILLE DEVANT TOI, J'ON. JE TE CONJURE. JE TE SUPPLIE DE ME RENDRE MA BEAUTÉ.

JE... JE REGRETTE, ZEMBRIA...

MAIS JE NE PEUX PAS.

!J!
!!!

105

BARR-FIND

LA PLAISANTERIE A ASSEZ DURÉ, CHNINKEL!...

QUE TU T'AMUSES À SEMER LE TROUBLE CHEZ LES TIENS AVEC DES PETITS TOURS DE MAGIE, SOIT. QUE TU TE FASSES PASSER POUR UN QUELCONQUE HÉROS DE VOS LÉGENDES D'ESCLAVES, PASSE ENCORE...

MAIS LÀ, TU AS PASSÉ LES BORNES DE CE QUE NOUS POUVONS TOLÉRER!

19!

115

JE... JE NE COMPRENDS PAS...

AH NON!? ET ÇA, ALORS!?

LÀ, VENANT DE L'HOR, LES ESCLAVES DE JARGOTH QUI SE SONT RÉVOLTÉS...

?

ET LÀ, LES CHNINKELS DE MAELAR QUI ONT OSÉ QUITTER LEUR RÉSERVE...

LÀ ENCORE, AU FAR, LES CAPTIFS DE ZEMBRIA QUI ONT BRISÉ LEURS CHAÎNES...

116

ET ICI MÊME, MES PROPRES ESCLAVES QUI SE SONT ÉCHAPPÉS DES SOUS-SOLS POUR SE MASSER AU PIED DE LA TOUR...

MAIS... POURQUOI?... QU'EST-CE QU'ILS VEULENT?

TOI, IMBÉCILE!

C'EST TOI QU'ILS SONT VENUS CHERCHER, POUR FAIRE DE TOI LEUR NOUVEAU ROI, OU QUELQUE AUTRE CHIMÈRE DE CE GENRE.

LE ROI DES CHNINKELS! ON AURA TOUT VU...

IL EST DONC GRAND TEMPS QUE TU DISPARAISSES.

JE SUPPOSE QUE CETTE FOIS, C'EST INÉLUCTABLE. MAIS SI VOUS DITES VRAI, SI MES FRÈRES SE SONT LIBÉRÉS À CAUSE DE MOI, ME TUER N'EMPÊCHERA PAS LEUR RÉVOLTE, AU CONTRAIRE.

NOUS AVONS PRÉVU CELA, FIGURE-TOI, AUSSI, N'EST-CE PAS NOUS QUI TE CONDAMNERONS...

...MAIS LA PLUS HAUTE AUTORITÉ DE TON PROPRE PEUPLE, ET SELON VOS PROPRES COUTUMES!

117

CES BONS VIEUX VÉNÉRABLES, PLUS TREMBLANTS QUE JAMAIS!... AURAI-JE DROIT À UNE DERNIÈRE PRIÈRE AVANT QUE LA COMÉDIE NE COMMENCE?

DIS TOUJOURS

G'WEL, LA JEUNE FILLE QUI M'ACCOMPAGNAIT... ELLE N'EST POUR RIEN DANS CETTE AFFAIRE.

RASSURE-TOI, CHNINKEL, TA PETITE FEMELLE NE NOUS INTÉRESSE PAS. JE L'AI FAIT JETER HORS DE LA FORTERESSE, LIBRE DE REJOINDRE LES SIENS SI ÇA LUI CHANTE.

ALLONS, ASSEZ DE DISCOURS, FINISSONS-EN!

146

L'AYANT JUGÉ COUPABLE DE BLASPHÈME...

DE SORCELLERIE...

D'INCITATION À LA RÉVOLTE...

D'ASSASSINAT D'UNE SUPÉRIEURE...

ET DU CRIME D'OFFENSE GRAVE ENVERS LES SEIGNEURS IMMORTELS...

NOUS, VÉNÉRABLES DES CHNINKELS LIBRES DE MAELAR, CONDAMNONS L'ESCLAVE FUGITIF J'ON À ÊTRE EXÉCUTÉ PUBLIQUEMENT DE LA MAIN MÊME DES SEIGNEURS QU'IL A OFFENSÉS.

HA! HA! HA! HA!

118

L'IDÉE DE MOURIR TE PARAÎT DONC PLAISANTE, CHNINKEL?

JE RIS, BARR-FIND MAIN NOIRE, CAR LA PROPHÉTIE QUI M'A ÉTÉ FAITE S'EST RÉALISÉE MALGRÉ MOI...

"LA PAIX REVIENDRA QUAND LES TROIS N'UNIRAS" ET J'AI RÉUSSI L'IMPOSSIBLE, Ô NOBLES IMMORTELS, J'AI RÉUSSI À VOUS UNIR...

CONTRE MOI!

U'N

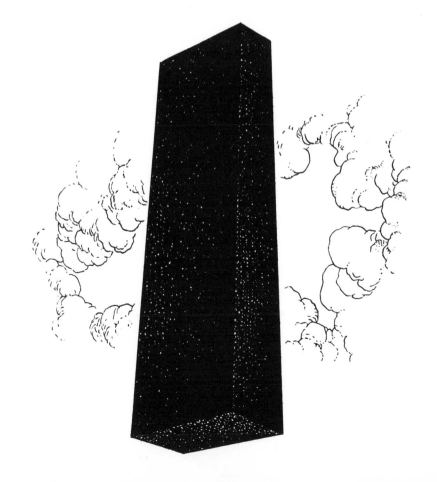

119

AHEM... NOUS, VÉNÉRABLES DES CHNINKELS LIBRES DE MAELAR...

...AVONS JUGÉ L'ESCLAVE FUGITIF J'ON...

ASSEZ!

SACRILÈGE!

HONTE SUR VOUS!

C'EST LE CHOISI! QUE VOUS ASSASSINEZ MISÉRABLES LÂCHES!

GLOIRE AU CHOISI!

À MORT LES VÉNÉRABLES!

...EN NOTRE ÂME ET CONSCIENCE ET CONFORMÉMENT À NOS LOIS ANCESTRALES...

G'WEL!... OH, G'WEL, COMME J'AURAIS AIMÉ T'AIMER!

...ET L'AVONS CONDAMNÉ...

OH, J'ON JE T'AIMAIS TANT!...

C'EST UNE PARODIE!

LIBÉREZ LE CHOISI!

...À ÊTRE EXÉCUTÉ PUBLIQUEMENT...

...DE LA MAIN DES SEIGNEURS IMMORTELS QU'IL A GRAVEMENT OFFENSÉS.

CETTE BOUFFONNERIE A ASSEZ DURÉ COMME ÇA!

POURQUOI N'ÔTES-TU PAS TON GANTELET, BARR-FIND MAIN NOIRE?...

AFIN QUE TOUS PUISSENT VOIR LA LÈPRE QUI TE POURRIT LE BRAS.

AINSI, TU SAIS.

OUI.

COMME J'AI ENFIN COMPRIS LA SEULE ET VÉRITABLE NATURE DU GRAND POUVOIR QUE J'AI REÇU DU MAÎTRE CRÉATEUR DES MONDES...

C'EST CELUI DE PARDONNER EN SON NOM.

124

ET EN SON NOM, JE TE PARDONNE, BARR-FIND MAIN NOIRE.

NON!

JE TE PARDONNE, ZEMBRIA LA CYCLOPE. AINSI QU'À TOI, JARGOTH LE PARFUMÉ.

NON... NON...

TUE-LE! TUE-LE AVANT QU'IL NE SOIT TROP TARD!

AU NOM DE U'N JE TE PARDONNE, N'OM L'HÉRÉSIARQUE! À TOI ET À TOUS CEUX QUE TU AS ENTRAÎNÉS DANS TA FAUTE!

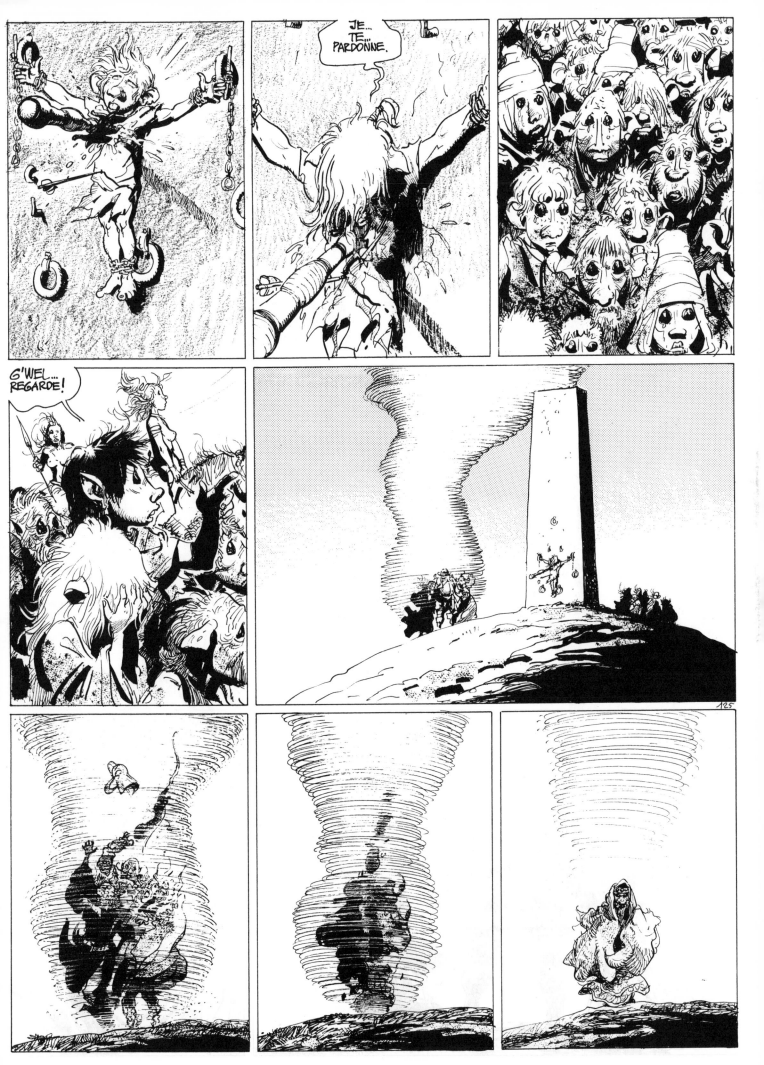

QUAND LES TROIS UNIRAS...

C'EST LUI!

C'EST N'OM L'HÉRÉSIARQUE, LE ROI MAUDIT DES TEMPS PREMIERS DONT LE SACRILÈGE PROVOQUA LA COLÈRE DE U'N ET LE CHÂTIMENT DU PEUPLE CHNINKEL. C'EST LUI LE SEUL COUPABLE!

CE QUE TU DIS EST VRAI, MON ENFANT: JE SUIS LE SEUL COUPABLE DES MALHEURS QU'A CONNUS NOTRE MONDE. MAIS LA LONGUE EXPIATION DE MA FAUTE A PRIS FIN AUJOURD'HUI.

JE SUIS LE SEUL COUPABLE D'UNE FAUTE IRRÉPARABLE. MAIS SI JE L'AI COMMISE, C'EST PARCE QU'**IL** L'A **VOULU!**

OUI, TOI, **U'N**, MAÎTRE CRUEL DES JOUETS QUE TU CRÉES, TU **VOULAIS** DE TOUTE ÉTERNITÉ QU'IL EN FÛT AINSI. COMME TU L'AS VOULU ET LE VOUDRAS ENCORE SUR CHACUN DES MONDES DONT TA FANTAISIE PARSÈME L'UNIVERS.

TOI, L'OMNISCIENT, L'OMNIPRÉSENT, L'OMNIPOTENT **MAÎTRE CRÉATEUR,** TU AS **VOULU** QUE LA FOLIE D'UN ROI ENTRAÎNE TOUT SON PEUPLE DANS LE SACRILÈGE ET LE RENIEMENT DE TON NOM.

ET C'EST TOI ENCORE, APRÈS M'AVOIR CONDAMNÉ, QUI AS FAIT NAÎTRE DE MA HAINE CES TROIS DÉMONS QU'ON DISAIT **IMMORTELS** ET LEURS ARMÉES D'APOCALYPSE, AFIN DE PUNIR CEUX QUI T'AVAIENT RENIÉ POUR UNE FAUTE QUE TU AVAIS TOI-MÊME PROVOQUÉE.

TU AS **VOULU** TOUT CELA POUR FAIRE DE TOI UNE **ENTITÉ** DE CRAINTE ET ASSURER À JAMAIS LA FOI EN TON ÊTRE PAR LA TERREUR D'UN NOUVEAU CHÂTIMENT.

ET QUAND L'HEURE DE TON PARDON EST ENFIN ARRIVÉE, TU AS ENCORE VOULU PAR ULTIME CRUAUTÉ QU'IL NOUS SOIT ACCORDÉ AU PRIX DU SACRIFICE D'UN INNOCENT.

POUR TOUT CELA, MOI, **N'OM** L'HÉRÉSIARQUE, JE TE MAUDIS À MON TOUR. M'ENTENDS-TU, DESPOTE SANGUINAIRE DE TES ENFANTS, **JE TE MAUDIS! JE TE MAUD...**

LE MAÎTRE CRÉATEUR, CEPENDANT, RESPECTA LA PROMESSE QU'IL AVAIT FAITE À J'ON : DAAR NE FUT PAS DÉTRUITE.

MAIS TOUT CE QUI Y VIVAIT LE FUT. INEXORABLEMENT.

A L'EXCEPTION D'UNE POIGNÉE DE TAWALS VELUS QUI RÉUSSIRENT PAR UN INEXPLICABLE ET DÉRISOIRE PRODIGE, À SE RÉFUGIER DANS LES ENTRAILLES DE LA PLANÈTE.

LÀ, TERRIFIÉS ET IMPUISSANTS, ILS FURENT LES DERNIERS TÉMOINS DE L'AGONIE D'UN MONDE. **NOTRE** MONDE.

130

PUIS, ENFIN, LE CALME REVINT ET LE FEU S'APAISA. PRIVÉE DE SON PLUS GRAND SOLEIL, DAAR SE RECOUVRIT POUR DES CENTAINES DE SIÈCLES D'UNE ÉPAISSE COUCHE DE GLACE.

MAIS POUVAIT-ON ENCORE L'APPELER DAAR ?

DE NOUVELLES ESPÈCES NAISSENT ET PEUPLENT LA PLANÈTE.

DES MONSTRES INCONNUS, COMME IL N'EN AVAIT JAMAIS EXISTÉ NULLE PART.

QUI DISPARURENT À LEUR TOUR.

CE NE FUT QUE BIEN PLUS TARD ENCORE QUE LES LOINTAINS DESCENDANTS DES DERNIERS TAWALS REMONTÈRENT À LA LUMIÈRE DU CIEL.

LES PROFONDEURS OÙ ILS AVAIENT VÉCU DURANT DES MILLIERS DE GÉNÉRATIONS LES AVAIENT PRÉSERVÉS DE TOUS LES CATACLYSMES, ELLES LES AVAIENT ÉGALEMENT TRANSFORMÉS.

ILS ÉTAIENT DEVENUS FRAGILES, CRAIGNANT LA PLUIE, LE FROID ET LA FAIM.

NE SURVIVANT QU'À GRAND-PEINE DANS LA NATURE QUI LEUR ÉTAIT DEVENUE HOSTILE.

133

POURQUOI, ENTRE TOUS LES PEUPLES DE DAAR, EST-CE CELUI-LÀ QUE U'N A CHOISI DE SAUVER ?

CERTAINEMENT PAS POUR ASSURER SON CULTE, CAR CEUX-CI NE SAVENT PLUS CE QU'EST U'N ET ILS N'ONT AUCUN SOUVENIR DU MIRACLE.

JE RESTE LE SEUL À SAVOIR, LE SEUL ET LE DERNIER.